DWYLO COCH A MENIG GWYNION

DWYLO COCH A MENIG GWYNION

ALAN LLWYD

Gomer

Cyhoeddwyd gyntaf yn 2020 gan
Wasg Gomer, Llandysul, Ceredigion SA44 4JL

www.gomer.co.uk

ISBN: 978-1-78562-300-4

ⓑ y testun: Alan Llwyd, 2020 ©
ⓑ y ffotograffiaeth: Emyr Young, 2020 ©

Tud: 143 Llun Merthyr a Chamlas Morgannwg:
Gwasanaethau Llyfrgelloedd Cyhoeddus Merthyr Tudful
Rhan o Wellbeing@Merthyr

Mae Alan Llwyd wedi datgan ei hawl dan
Ddeddf Hawlfreintiau, Dyluniadau a Phatentau 1988
i gael ei gydnabod fel awdur y llyfr hwn.

Cedwir pob hawl. Ni chaniateir atgynhyrchu unrhyw
ran o'r cyhoeddiad hwn, na'i gadw mewn cyfundrefn
adferadwy, na'i drosglwyddo mewn unrhyw ddull na thrwy
unrhyw gyfrwng, electronig, electrostatig, tâp magnetig,
mecanyddol, ffotogopïo, recordio, nac fel arall, heb ganiatâd
ymlaen llaw gan y cyhoeddwyr.

Cyhoeddir gyda chymorth ariannol
Cyngor Llyfrau Cymru.

Argraffwyd a rhwymwyd yng Nghymru gan
Wasg Gomer, Llandysul, Ceredigion.

I Gareth Richards, Cwm Tawe,
am ei gymorth a'i gymwynasgarwch

CYNNWYS

RHAGAIR

Mae llawer o'r hanesion a geir yn y llyfr hwn yn ymwneud â merched a oedd wedi syrthio'n feichiog y tu allan i briodas, ac nid cyd-ddigwyddiad yw hynny. Y peth gwaethaf y gallai merch ifanc ddibriod ei wneud yn y bedwaredd ganrif ar bymtheg, ac mewn cyfnodau diweddarach, oedd syrthio'n feichiog. Câi merched beichiog dibriod eu diarddel gan eu teulu, gan eu cymdogaeth a chan y capel. Oes greulon, ddidostur felly oedd hi. Y ddau hanes cyntaf a geir yn y llyfr hwn yw hanes llofruddiaeth Margaret Williams yn Nhregatwg ym 1822 a llofruddiaeth Elinor Williams yn Felindre, ger Llangyfelach, ddeng mlynedd yn ddiweddarach. Mae llofruddiaeth y ddwy yn perthyn i gyd-destun hanesyddol a chymdeithasol ehangach. Câi morwynion eu beichiogi'n aml gan eu meistri neu gan feibion eu meistri. Ni fynnai'r tadau hyn arddel eu plant, a hynny am sawl rheswm. Byddai'n rhaid iddyn nhw gynnal y plant hynny yn ariannol, pe gellid profi tadolaeth y plant, hyd at 1834 o leiaf. Roedd rhai meibion fferm yn disgwyl priodi yn dda, ac roedd priodi morwyn islaw eu gobeithion a'u statws cymdeithasol. Roedd rhai eisoes wedi dyweddïo neu wedi priodi. Os oedd y forwyn yn bygwth datgelu pwy oedd y tad, roedd mewn perygl am ei bywyd. Os na allai morwyn brofi pwy oedd y tad, collai ei lle yn syth, a disgwylid iddi fagu'r plentyn ar ei phen ei hun, er ei bod yn rhy dlawd i wneud hynny.

Disgwylid i ferched yn Oes Victoria gael un cymar yn unig. Roedd y teulu yn uned sanctaidd, gyda'r patriarch a'r penteulu yn rheoli'r aelwyd. Roedd y syniad o ferched yn syrthio'n feichiog ac yn geni plant y tu allan i briodas yn dryllio'r delfryd hwnnw. Disgrifid merched o'r fath fel merched a oedd wedi cwympo, ac fel merched a oedd wedi eu baeddu a'u difetha am byth. Ni fynnai neb parchus briodi mam ddibriod. Y ferch a gâi'r bai bob tro am gwympo'n feichiog, nid y dyn. Disgwylid i ddynion gael perthynas gnawdol â menywod eraill, y tu allan i briodas, ond nid yr un oedd anghenion corfforol menywod, a chyfrifoldeb y fenyw oedd rhwystro'r dyn rhag cael cyfathrach rywiol â hi.

Yn ôl Deddf y Tlodion, 1834, rhoddwyd y cyfrifoldeb o fagu plentyn anghyfreithlon ar y fam ddibriod yn unig. Rhoddwyd y gorau i geisio profi pwy oedd y tad, fel y gallai gyfrannu'n ariannol tuag at fagwraeth y plentyn. Câi'r tadau, felly, fynd yn gwbl rydd, tra oedd y fam yn gorfod mynd i'r wyrcws yn aml, gan nad oedd ganddi'r moddau i ofalu am ei phlentyn. Newidiwyd y ddeddf anwaraidd ac amhoblogaidd hon ymhen ychydig flynyddoedd. Ac ar ben popeth, roedd syrthio'n feichiog y tu allan i briodas yn bechod, ond yn bechod a gyflawnid gan y ferch yn unig.

Lladdodd rhai merched eu plant eu hunain yn y dirgel ar ôl iddyn nhw gael eu geni, er mwyn cuddio eu pechod. Er enghraifft, ar Hydref 12, 1860, darganfuwyd corff plentyn newydd-anedig yn y tŷ bach mewn tŷ yng Nghaerdydd. Morwyn 33 oed o'r enw Sarah Bird oedd mam y plentyn. Ar ôl archwilio corff y plentyn, barnodd y meddyg ei fod wedi cael ei lindagu. Hefyd roedd hollt fechan ym mhenglog y plentyn, hynny'n golygu ei fod un ai wedi cael ei ollwng yn ddamweiniol neu wedi cael ei fwrw yn fwriadol. Cynhaliwyd cwest ar farwolaeth y plentyn a chyhuddwyd y fam o lofruddiaeth fwriadol, yn hytrach na llofruddiaeth ddamweiniol, sef dynladdiad. Ymddangosodd o flaen ei gwell. Methodd y rheithgor â dod i gytundeb llawn ynglŷn â'r achos. Roedd un ar ddeg o aelodau'r rheithgor o'r farn ei bod yn euog o lofruddio'i phlentyn – merch fach – ond roedd un yn ei barnu'n ddieuog. Gan nad oedd y rheithgor yn unfryd unfarn ynglŷn â'r achos, dedfrydwyd Sarah Bird i bedwar mis o garchar am beidio â datgelu a chofrestru genedigaeth, a honno'n ddedfryd ohiriedig.

Cafwyd adroddiadau manwl iawn ar yr holl achos yn y papurau ar y pryd. Gan nad oedd bydwraig yn bresennol yn ystod y llafur, roedd yn bosibiliad fod y plentyn wedi cael ei grogi gan linyn y bogail. Cafwyd tystiolaeth feddygol i nodi'r posibiliad hwnnw yn ystod yr achos. Wrth i Sarah Bird roi genedigaeth i'w phlentyn heb unrhyw gymorth, gallai'r plentyn fod wedi cwympo ar y llawr wrth iddo gael ei eni. Os oedd y plentyn yn farwanedig, roedd y cyhuddiad o lofruddiaeth yn gwbwl amherthnasol. Barnodd y meddyg a archwiliodd y corff fod y plentyn wedi byw am ychydig funudau cyn iddo farw. Ond beth oedd y gwir? A gafodd Sarah Bird ei rhyddhau a hithau'n euog o ladd ei phlentyn?

Un o blith nifer helaeth o blant a lofruddiwyd oedd plentyn Sarah Bird, un enghraifft yn unig. Roedd llofruddio babanod yn rhemp yn y bedwaredd ganrif ar bymtheg. Bob hyn a hyn, byddai rhywun yn darganfod corff bychan yn rhai o afonydd Cymru, afon Taf yng Nghaerdydd yn enwedig. 'Doedd dim modd gwybod pwy oedd mamau'r plant hyn, ac nid oedd modd eu cosbi. Hawliodd Crwner a llawfeddyg o'r enw Edwin Lankester o Lundain fod oddeutu 12,000 o famau wedi llofruddio'u plant yn Llundain yn unig, heb gael eu dal. Bu farw ym 1874, chwarter canrif a rhagor cyn i deyrnasiad Victoria ddod i ben. Pa faint mwy o blant a lofruddiwyd yn ystod y chwarter canrif hwnnw?

Dyma ddwy enghraifft o ddarganfod corff plentyn wedi ei lofruddio. Daw'r enghraifft gyntaf o'r *South Wales Daily News*, Medi 21, 1898:

The popular little seaside resort of the Mumbles, near Swansea, was thrown into a state of great excitement on Tuesday owing to a report that a child had been murdered. The origin of the rumour lay in the discovery of the body of an infant in a small box between Bracelet and Limeslade Bays. Mr James Webborn made the discovery of the remains, which were taken to the lifeboat house, where they now remain. The body is that of a fully-developed child about three weeks or a month old.

Further particulars show that the body was conveyed away in a cardboard box, but not found in one. When first seen by Webborn it was lying face upwards in the seaweed near Limeslade Bay, having evidently been left there by the receding tide. It was that of a fine boy, but had its head smashed in at the back as though it had been thrown over a rock into the sea. It is thought the body, which was not decomposed, could have been in the water but a day or so, otherwise it must have been torn to pieces along the rugged coast, or eaten by fish, which are very plentiful at that spot just now.

Dr. Lloyd Jones, who examined the body of the child after its removal from Limeslade, states that though the remains are in a good state of preservation, the body has been in the water probably a fortnight or more. All the bones are broken, and in addition there is a wound on the skull, but these injuries appear to be post mortem. Appearances lead the doctor to the belief that the child was not more than four days old. He says it is a case of concealment of birth, but is inclined to the theory that the child was thrown into the sea at some distant place and washed to the Mumbles. The police have the affair in hand but there is no clue as to the parentage of the infant.

Cyhoeddwyd yr adroddiad hwn yn *The Aberdare Leader*, Hydref 20, 1917:

At the Mountain Ash Police Station on Tuesday afternoon, Mr. R. J. Rhys, district coroner, conducted an inquiry into the death of an unknown child – Robert Richards, a little boy nine years of age, living at 8 Ffrwd Crescent, stated that he was playing with another boy down the gully, at the side of the G.W.R., when they saw a little baby. Witness went and told his mother. Catherine Landeg, 20 Allen Street, stated that her little boy came and told her about a baby lying on the gully. She went to see it. Information was then given to the police. The baby was quite naked, with the exception of a bit of skirt thrown over it. P. S. Downes deposed that he visited the spot at 1.45 p.m. on Thursday, Oct. 11th. He saw the dead body of a female child lying in the old disused limekiln. It lay close to the fence, between the G.W.R. and the canal. It was quite possible for the body to have been thrown from a passing railway train. He took the body to the police station, where it was examined by Dr. Arthur Jones. Witness had made further enquiries, but had failed to discover anyone connected with the body. Dr. Arthur Jones stated that he had made a post-mortem examination. It was a full-time child and in his opinion had been dead some 2 months. It was in an advanced stage of decomposition, and portions of the limbs were missing. He had examined the lungs and was certain that the child had had a separate existence, in fact, the child must have lived some considerable time. It was apparently a well developed child. The jury returned an open verdict of 'Found Dead'.

Llofruddiwyd sawl merch feichiog ddibriod gan dad y plentyn yn y groth. Cyflawnodd nifer o ferched hunanladdiad, yn hytrach na gorfod byw gyda'r gwarth a'r broblem ymarferol o fod yn feichiog y tu allan i briodas. Bu i eraill farw dan law erthylwr neu erthylwraig neu o ganlyniad i hunanerthylu, ac fe geir hanesion o'r fath yn y llyfr hwn, yn ogystal â hanes mam yn llofruddio'i phlentyn newydd-anedig. Mewn amgylchiadau eraill, byddai'r teulu yn dianc rhag y gwarth drwy symud i fyw i ardal arall, gan smalio bod y baban newydd-anedig yn blentyn i'w daid a'i nain, ac yn frawd neu'n chwaer i'r fam ei hun – arferiad a welid yng nghefn gwlad Cymru hyd ddiwedd yr ugeinfed ganrif. Dagrau pethau oedd fod pawb, ac eithrio'r plentyn, yn gwybod y gwirionedd. Roedd ymarweddiadau ac agweddau cymdeithasol yn hyrwyddo twyll, os nad dynladdiad, ar ryw ffurf. Newidiodd agwedd y gyfraith at famau a oedd yn lladd eu plant eu hunain yn hanner cyntaf yr ugeinfed ganrif. Cafwyd deddfau ym 1922 ac ym 1938 a olygai na fyddai mam a laddai ei baban yn fwriadol yn cael ei chyfrif fel llofrudd, ond yn hytrach fel rhywun gorffwyll, a thrwy farnu ei bod yn orffwyll, câi osgoi'r crocbren. Roedd euogfarniad o fabanladdiad yr un mor ddifrifol fel trosedd â dynladdiad.

Ffrwyth comisiwn gan Wasg Gomer, gyda chefnogaeth Cyngor Llyfrau Cymru, yw'r llyfr hwn. Hoffwn ddiolch i Meirion Davies, Pennaeth Adran Gyhoeddi Gwasg Gomer ar y pryd, am wthio'r cwch i'r dŵr yn y lle cyntaf. Hoffwn ddiolch yn arbennig i Sue

Roberts am ei gwaith golygyddol ar y llyfr, ac am gynnig sawl awgrym a gwelliant, ac i Emyr Young am ei waith rhagorol ar yr ochr weledol i'r llyfr. A diolch i Wasg Gomer ei hun hefyd, wrth gwrs. A diolch hefyd i'r Athro R. Gwynedd Parry, Athro Cyfraith a Hanes Cyfreithiol a chyfarwyddwr Sefydliad Ymchwil Hywel Dda ym Mhrifysgol Abertawe, am ddarllen copi electronig o'r gwaith, gan gynnig nifer o sylwadau ac awgrymiadau gwerthfawr iawn.

Gelwid Cymru yn wlad y menig gwynion oherwydd ei bod mor lân yng ngolwg y gyfraith. Arferid cyflwyno pâr o fenig gwynion i farnwyr y brawdlysoedd pan nad oedd troseddau mawr iddynt i'w barnu, dim ond mân droseddau. Ond nid oedd Cymru mor lân â hynny yng ngolwg y gyfraith, fel y mae'r llyfr hwn yn ei brofi; ac nid oedd y gyfraith ei hun mor lân â hynny, ychwaith, nac mor deg a chyfiawn ag y gellid disgwyl, fel y mae'r casgliad hwn o achosion, unwaith eto, yn ei brofi.

Straeon dirgelwch yw'r rhain i gyd, mewn rhyw ffordd neu'i gilydd, nid straeon am achosion hawdd i'w datrys. Y mae yna elfen o ddirgelwch ynghlwm wrth bob un ohonyn nhw. Ceisir datrys pob dirgelwch trwy archwilio'r dystiolaeth yn fanwl, ond gwahoddir y darllenydd hefyd i ddod i'w gasgliadau neu ei chasgliadau ei hun gyda phob hanes ac achos.

1

Y CORFF YN Y FFOS

LLOFRUDDIAETH MARGARET WILLIAMS
Tregatwg, 1822

Un nos Sadwrn yn y flwyddyn 1822, aeth morwyn ifanc chwech ar hugain oed o'r enw Margaret Williams o'r bwthyn ar gyrion Castell-nedd, lle'r oedd yn gweini ar y pryd, i'r dref ei hun. Prynodd ben dafad yno, gyda'r bwriad o'i goginio i'r hen ŵr yr oedd yn gweithio iddo. Ond ni welodd yr hen ŵr mohoni byth wedyn. Camodd Margaret Willams o'i gartref am y tro olaf ar ddiwrnod braf ym mis Gorffennaf 1822.

Y bore wedyn, dydd Sul, Gorffennaf 14, darganfuwyd corff Margaret Williams mewn ffos mewn mignen yn ymyl pentref bychan Tregatwg. Cynhaliwyd cwest ar ei marwolaeth yn ddi-oed gan y Crwner, Nicol Wood. Nodwyd fel y daethpwyd o hyd i gorff Margaret Williams yn gorwedd ar ei ochr mewn un fodfedd ar bymtheg o ddŵr. Roedd ei phen a'i hwyneb o dan y dŵr. Yn ôl adroddiad y *Cambrian*:

> The marks on the body consisted of bruises and discolouration on the throat and neck, and on both arms above the elbows but of the two arms the right was most bruised, apparently by strong pressure – those on the throat were manifestly caused by strangulation; and the medical gentlemen, who opened and examined the body, gave in their opinion that the violence which produced those marks, occasioned the death of the deceased; they also testified to the fact of her pregnancy.

Roedd Margaret Williams ryw bedwar mis yn feichiog. Eto yn ôl y *Cambrian*: 'A warrant was issued on Tuesday morning against the man generally suspected of having committed the diabolical act, and by whom the unfortunate girl had frequently declared herself to be with child'. Ni chadwodd enw'r tad yn gyfrinach, a mwy na thebyg mai hynny a'i condemniodd i farwolaeth. Dyna a gredai'r heddlu ar y pryd. Mab fferm o'r enw Llewellyn Richards a gâi ei enwi fel tad y plentyn gan Margaret Williams, ac fe'i cymerwyd i'r ddalfa ar yr amheuaeth o'i llofruddio. Arferai Margaret Williams weithio fel morwyn i dad Llewellyn Richards ar fferm o'r enw Gellia yn Nhregatwg. Gadawodd y fferm honno un ai o'i gwirfodd neu dan orfodaeth, oherwydd ei beichiogrwydd, ac aeth i weithio i'r hen ŵr yn y bwthyn ar gyrion Castell-nedd.

Disgrifiwyd Margaret Williams fel 'a fine healthy young woman' yn y *Cambrian*. Merch i lafurwr cyffredin o'r enw John Williams o Langyndeyrn yng Nghwm Gwendraeth, Sir Gaerfyrddin, oedd Margaret, ond bu'n rhaid iddi adael ei chynefin i chwilio am waith. Clowyd y rheithgor mewn ystafell o gyrraedd y cyhoedd dros nos. Cafwyd eu rheithfarn y diwrnod wedyn: 'llofruddiaeth fwriadol', ond heb enwi'r cyhuddedig. Roedd nifer o ynadon yn bresennol yn y cwest, ac addawsant wneud popeth o fewn eu gallu i ddod o hyd i'r llofrudd. Yn ôl y *Cambrian*:

> The Magistrates have declared their resolution to seek out fresh evidence with unremitting scrutiny: and it is devoutly to be wished, that the inhuman monster who perpetrated this foul and horrid deed, may yet be brought to justice – The eye of Providence is upon him, and we trust the hand of Providence also will be with those who endeavour to find the clue of discovery, which human wickedness and cunning have for the present concealed.

Arestiwyd Llewellyn Richards ar ddydd Mawrth, Gorffennaf 16, 1822. Yn rhifyn Ebrill 16, 1825, o'r *Cambrian*, ceir adroddiad ar Sesiwn Fawr Sir Forgannwg, a nodir hyn yn yr adroddiad: 'Llewellyn Richards, charged with the murder of Margaret Williams, late of the parish of Cadoxton, was acquitted'. Nid oedd digon o dystiolaeth yn erbyn Llewellyn Richards i'w ddedfrydu'n euog o dagu Margaret Williams i farwolaeth, a gadawodd Lys y Sesiwn Fawr yng Nghaerdydd â'i draed yn rhydd am byth. Diflannodd i'r cysgodion wedi hynny. Credai rhai ei fod wedi ymfudo, un ai i America neu i Awstralia, ond tenau yw'r dystiolaeth.

Lai na blwyddyn yn ddiweddarach, a'r llofrudd â'i draed yn rhydd o hyd, codwyd carreg enfawr uwch bedd Margaret Williams, ac arni'r geiriau canlynol:

1823
To record
MURDER
This stone was erected
Over the body
Of
MARGARET WILLIAMS
Aged 26
A native of Carmarthenshire
Living in service in this parish
Who was found dead
With marks upon her person
In a ditch on the marsh
Below this churchyard on the morning
Of Sunday the 14th of July
1822.
Although
The Savage Murderer
Escape for a season the detection of man
Yet God hath set His mark upon him / Either for time or eternity
/ And / The Cry of Blood / Will assuredly pursue him / To certain
and terrible but righteous / JUDGEMENT

Ai Llewellyn Richards a lofruddiodd Margaret Williams? Ni chadwodd Margaret Williams enw tad ei phlentyn yn gyfrinach. Roedd yn rhaid i Llewellyn Richards wneud rhywbeth. Ai ei enwi i godi cywilydd arno neu i'w orfodi i'w phriodi oedd bwriad Margaret Williams? Ai dial ar Llewelyn Richards a'i deulu oherwydd iddi orfod gadael y fferm? Mae'n amlwg na fwriadai Llewellyn Richards ei phriodi, a gallai'r ffaith ei fod wedi beichiogi morwyn ei dad beryglu ei siawns i briodi yn y dyfodol, a phriodi merch fwy cydradd ag ef ei hun o ran cefndir. Pwy a gymerai rywun a oedd wedi beichiogi morwyn yn briod iddi, ac ar y llaw arall, pwy a fyddai'n fodlon priodi Margaret Williams o wybod bod plentyn anghyfreithlon ganddi? Gan Llewellyn Richards yr oedd y cymhelliad a'r cyfle i'w

llofruddio. Nid oedd ei beichiogrwydd yn amharu ar neb arall nac yn bygwth peryglu dyfodol neb arall, ac eithrio hi ei hun.

Dywedir bod y garreg yn pwyntio i gyfeiriad y fferm lle bu Margaret Williams yn gweini, nes iddi orfod gadael y fferm honno oherwydd ei chyflwr, heb na chefn na châr yn y byd. Os felly, mae'r cyhuddiad yn erbyn Llewellyn Richards yn gyhuddiad parhaol, ac mae'r garreg yn grocbren.

2

Y CORFF YN Y FFYNNON

LLOFRUDDIAETH ELINOR WILLIAMS
Felindre, 1832

Ni chyrhaeddodd ei chartref ar y nos Sadwrn honno nac yn oriau mân bore dydd Sul.

Er mor ddrwg oedd y tywydd, roedd Elinor Williams yn benderfynol o gerdded yr holl ffordd o Felindre i gartref ei rhieni yng Nghaerfyrddin. Ni wyddai sut dderbyniad a gâi hi na'i newyddion gan ei rhieni, ond roedd yn rhaid iddi wneud rhywbeth. Gobeithiai y gallai ei rhieni fod yn gefn iddi yn ei hargyfwng, yn angor ac yn gyngor, ond ni chyrhaeddodd ei chartref. Yn wir, nid aeth gam ymhellach na buarth y fferm lle'r oedd yn byw ac yn gweini ar y pryd, fferm Llwyngwenno ym mhentref bychan Felindre ym mhlwyf Llangyfelach. Roedd rhywun am gau ei cheg, a'i chau hi am byth, cyn y câi gyfle i ollwng ei chyfrinach i'r byd. Roedd Elinor yn disgwyl plentyn.

Un o forwynion diwyneb a di-nod y bedwaredd ganrif ar bymtheg oedd Elinor Williams. Oni bai iddi gael ei llofruddio byddai wedi hen gilio i ebargofiant, fel y cenedlaethau o forwynion dienw a diwyneb a fu o'i blaen ac a ddaeth ar ei hôl. Ceir ei hanes mewn un paragraff byr mewn papur newydd ac mewn un beddargraff anghyffredin.

Ym mynwent Capel Nebo, ym mhentref bychan Felindre yn ymyl Llangyfelach, ceir carreg fedd ac arni'r geiriau hyn: '1832/To Record Murder/This stone/was erected by general subscription/over the body of Elinor Williams/aged 29 years/a native of Carmarthenshire/ Living in Service in this Hamlet/in the Parish of Llangyfelach/with marks of violence upon her person/who was found dead in a well by Llwyngwenno farm house/then in the occupation of Thomas Thomas/on the morning of Sunday Dec. the 9 in 1832/Although the savage murderer may escape for a season the detection of man yet doubtless God hath set his mark upon him/for ever/Vengeance is mine saith the Lord/I WILL REPAY'.

Ymddangosodd yr adroddiad hwn yn y *Cambrian*, Rhagfyr 29, 1832:

On the 9th inst., the corpse or a young woman, named Eleanor Williams, was discovered in the well of a farm yard,

in the parish of Llang[y]felach, with her skull fractured, and other marks of great violence; and at an inquest held before Charles Collins, Esq., Coroner, the Jury, after a very patient investigation, returned a verdict of *Wilful Murder against some person or persons unknown.* Several suspicious circumstances have however transpired, which it is not thought prudent at present to publish, and every exertion is making [is being made?] in the neighbourhood to bring the foul assassin to justice.

Ceir maen bychan trionglog yn ymyl ei charreg fedd, i goffáu'r baban a gariai yn ei chroth pan lofruddiwyd hi.

Mae'r garreg yn un anghyffredin nid yn unig oherwydd y garreg fechan sy'n coffáu'r plentyn ond hefyd o achos y ffaith fod y garreg ei hun yn gyhuddiad agored yn erbyn y llofrudd. Enwir y fferm lle'r oedd Elinor Williams yn gweini ac fe enwir ei meistr ar y garreg. Ni roddid manylion o'r fath ar gerrig beddau. Enwi cartref a rhieni'r ymadawedig a wneid fel arfer, ond roedd y geiriad ar y garreg yn bwrpasol. Roedd yr heddlu ar y pryd, yn ogystal â thrigolion Felindre a'r cylch, yn argyhoeddedig mai mab Thomas Thomas oedd tad y plentyn a gariai Elinor Williams yn ei chroth, ac mai ef hefyd a'i llofruddiodd. Trwy roi enw Thomas Thomas ac enw'i fferm ar y garreg, roedd y gymuned leol yn dangos i'r teulu ac i'r byd eu bod yn gwybod pwy oedd y llofrudd. Roedd y garreg fel llyfr agored, ac roedd y cyhuddiad yno am byth. Methodd yr heddlu â phrofi mai mab Thomas Thomas oedd y llofrudd, ond ni chafodd y teulu ryddhad diamodol llwyr.

Rai blynyddoedd yn ddiweddarach, bu rhywun neu rywrai wrthi yn ymosod yn filain ar wartheg a oedd yn perthyn i fferm Llwyngwenno, fel dialedd ar y teulu am gelu'r gwirionedd. Yn ôl y *Pembrokeshire Herald* a'r *Cambrian*, Medi, 1844: 'During the night of Saturday last, some wretch stabbed, and otherwise mutilated a cow, belonging to Mr. Robert Thomas, Llwyngwenno, in the parish of Llangyfelach, so severely that the poor animal died from the

effects of the wounds. This is the second or third instance in which animals belonging to this individual have been injured'.

Hir yw cof trigolion cefn-gwlad. Bob hyn a hyn câi giatiau Capel Nebo, yn ogystal â cherrig beddau Elinor a'i baban, eu paentio â phaent coch o liw gwaed. Mae olion y paent coch ar y ddwy garreg hyd y dydd hwn.

Mae tebygrwydd mawr rhwng hanes Elinor Williams a Margaret Williams: dwy ferch ifanc o Sir Gaerfyrddin yn gweini, y ddwy yn cael eu beichiogi gan aelod o'r teulu y gweithient iddo, a'r ddwy yn cael eu llofruddio. Roedd y ddwy hefyd wedi cael carreg fedd hynod o debyg o ran geiriad. Cyflawnodd y ddwy ohonyn nhw y pechod mwyaf y gallasai unrhyw ferch ddibriod ei gyflawni yn yr oes honno, sef syrthio'n feichiog.

Nid y tadau, na'r cariadon, na'r mamau oedd yr unig lofruddion mewn achosion o'r fath. Roedd crefydd a chymdeithas a chymuned yr un mor gyfrifol â'r gwir leiddiaid am lofruddio sawl merch feichiog a sawl plentyn gwrthodedig. Er mwyn gwneud iawn am ffaeleddau crefydd, cyfraith a chymdeithas, coffawyd Margaret Williams ac Elinor Williams mewn modd gweddus ac anrhydeddus trwy roi i'r ddwy garreg fedd ddrudfawr, urddasol, llawn trugaredd a llawn cynddaredd.

NEBO
CAPEL YR ANNIBYNWYR
ADEILIADWYD 1824
AILADEILIADWYD 1857
HELAETHWYD 1896

3

Y CORFF YN Y GWELY

LLOFRUDDIAETH MORGAN DAVID LEWIS
Ystalyfera, 1850

Ym mynwent Pant-teg, Godre'r Graig, Ystalyfera, ceir carreg fedd ac arni'r geiriau canlynol:

Cyfodwyd y Gareg Hon
Er Coffadwriaeth am
MORGAN Dd LEWIS Graigarw yn [y] Plwyf
hwn: yr hwn a fu farw Chwefror 25ain 1850
Yn 38 mlwydd oed
Wedi derbyn ergyd angeuol a chareg trwy law
DAVID DAVIES

Dyma argel dŷ MORGAN – fe'i curwyd
Efo careg i'r graian
Drwy wall rhydd, dro hyll i'w ran:
Gwyliwch! Cofiwch y cyfan.

Mae'r englyn yn cofnodi llofruddiaeth Morgan David Lewis gan ddyn o'r enw David Davies. Ar Fawrth 5, 1850, ymddangosodd David Davies ger bron Brawdlys Morgannwg, a gynhaliwyd yn Abertawe, ar y cyhuddiad o ladd Morgan Lewis.

Ar nos Wener, Chwefror 22, 1850, roedd Morgan David Lewis, is-giper ar ystad fawr leol, yn yfed yn nhafarn y Wern Fawr, gyda nifer o rai eraill. Gadawodd y dafarn, a bu cweryl rhyngddo a chymydog iddo, David Davies, 23 oed, a oedd wedi dilyn Morgan Lewis fel y cerddai tuag adref i Bant-teg. Yn ôl dau o'r tystion yn yr achos yn erbyn David Davies ym Mrawdlys Morgannwg, roedd Morgan Lewis a David Davies wedi cweryla â'i gilydd yn gynharach yn ystod y min hwyr. Roedd Morgan Lewis wedi bwrw David Davies i'r llawr ddwywaith, ac wedi ei gicio ddwywaith. Ni wyddai'r tystion hyn beth oedd achos yr anghydfod rhwng y ddau, ond yn ôl un ohonyn nhw: 'Morgan Lewis was considered the cock of the neighbourhood; and everybody was afraid of his blow'. Roedd David Davies yn botsiwr, a chredai rhai ar y pryd fod Morgan Lewis yn hawlio arian ganddo, i gadw ei geg ar gau, ac mai dyna oedd gwir achos yr anghydfod rhwng y ddau.

Rhoddodd Morgan Lewis gurfa i'w gymydog ar y ffordd. Dilynodd David Davies ef drachefn, ond aeth Morgan Lewis i mewn i dafarn arall ar y ffordd adref. Aeth cymdoges i dŷ Morgan Lewis i ddweud wrth Rachel, ei wraig, fod David Davies yn bwriadu lladd ei gŵr, ac aeth i'r dafarn, y Miners Arms, i gyrchu Morgan Lewis tuag adref, gan dybied y byddai yn ddiogel yn y tŷ. Gadawsant y dafarn, a dechrau cerdded i gyfeiriad eu cartref. Fe'u dilynwyd gan David Davies, eto, ac ar ôl iddo gyrraedd y ddau, gwthiodd Rachel Lewis o'r neilltu a bwriodd Morgan Lewis yn ei dalcen, rhwng ei ddau lygad, â charreg drom. Yna, taflodd y garreg ato a thaflodd garreg arall at Rachel Lewis, ond gwyrodd i'w hosgoi. Rhedodd David Davies i ffwrdd. Roedd Morgan Lewis yn gwaedu'n ddi-baid, ond, ymhen hir a hwyr, llwyddodd Rachel Lewis i gael ei gŵr i'w wely ar ôl mynd adref. Galwodd am y meddyg ar fore dydd Sadwrn, gan fod cyflwr ei gŵr yn gwaethygu. Yn ôl adroddiad y *Cardiff and Merthyr Guardian* ar yr achos:

William Price, surgeon, was called in to see deceased on Saturday morning, February 23rd; and found him perfectly sensible but with great marks of violence on his face. There was a cut, two inches long, running up from the nose to the forehead. It penetrated to the bone. Deceased had bled a great deal on Friday night. Witness first considered deceased in danger at midnight, on Sunday. Deceased was then perfectly insensible from the effects of inflammation of the brain. He continued in that state until he died. He had nothing at all the matter with him but this cut. Witness examined deceased's head after his death. A bone had been fractured; and there was an infusion of blood and serum on the brain – all caused by the wound in the base of the cranium ... Deceased's widow admitted to witness that she had given her husband wine. The inflammation which was the immediate cause of death might not have supervened if deceased had been properly treated; but it was possible even if the patient had been nursed in the most judicious manner. The blow was the cause of death.

Witness considered the prisoner a respectable young man. The deceased was a very powerful man.

Y dystiolaeth allweddol yma yw'r datganiad diamwys mai'r ergyd gyda'r garreg a achosodd farwolaeth Morgan Lewis.

Y cwestiwn mawr oedd: ai cyflawni dynladdiad neu lofruddiaeth a wnaeth David Davies? Os oedd wedi dilyn Morgan Lewis gydag arf yn ei feddiant, roedd wedi ystyried cyflawni'r weithred o ymosod ar Morgan Lewis, gyda'r bwriad o'i ladd ymlaen llaw. Nid colli ei dymer yn y fan a'r lle a wnaeth. Yn hyn o beth, roedd tystiolaeth yr Arolygydd Thomas Vigurs yn hollbwysig:

> Police-Inspector Thomas Vigurs examined: He produced the stone with which deceased was struck. It was stained with blood; and was as large as a man's fist. It is not such a stone as would be found on the high-road; neither are there such stones near the place where the blow was given. It seemed to have been taken from the river side – a distance of half a mile.

Ond anwybyddu'r dystiolaeth a wnaeth Thomas Allen, a gynrychiolai'r diffynnydd yn yr achos. Roedd y rhan fwyaf o bobol ifanc Morgannwg yn cario cyllell, meddai, ond 'doedd David Davies ddim yn cario cyllell. Morgan Lewis a gychwynnodd y ffrwgwd rhwng y ddau. Colli ei dymer yn angerdd y foment a wnaeth David Davies. Roedd hefyd wedi bod yn yfed, ac ni fyddai wedi cyflawni'r weithred o gwbwl pe bai'n sobor ar y pryd. '[T]he prisoner had only availed himself of the weapons which nature had placed in his way, for so a stone off the road might be termed. Surely a difference should be made between this case and those in which knives had been used,' meddai Thomas Allen. Er ei fod yn amlwg yn euog o gyflawni'r weithred, gofynnodd Thomas Allen i'r rheithgor ddangos tosturi a thrugaredd at y carcharor.

Cafwyd David Davies yn euog o ddynladdiad yn unig – nid llofruddiaeth – gan y rheithgor. Syfrdanwyd y llys llawn gan y ddedfryd y barnwr: tri mis o garchar yn unig, heb lafur caled. A dyna'r unig gosb a gafodd David Davies, er iddo achosi marwolaeth Morgan Lewis trwy ymosod arno.

Mynnai'r teulu fod David Davies yn cael ei enwi ar garreg fedd Morgan Lewis, gan nad oedd y gyfraith wedi rhoi unrhyw fath o gosb haeddiannol iddo, yn union fel yr oedd trigolion Felindre a'r cylch wedi mynnu enwi Thomas Thomas a nodi enw ei fferm ar garreg fedd Elinor Williams. Ac yn union fel y mae carreg fedd i'r baban ym mynwent Felindre, ceir carreg gron yn ymyl beddfaen Morgan David Lewis, i ddynodi mai carreg a'i lladdodd. Tri mis o garchar a gafodd David Davies am ladd Morgan David Lewis. A dyna'r dirgelwch y tro hwn. Pam y cafodd trosedd mor ddifrifol gosb mor ysgafn, cosb a oedd yn gweddu i drosedd lawer iawn llai? Ai oherwydd bod Morgan David Lewis yn ddyn amhoblogaidd yn yr ardal, ar gownt ei natur ymffrostgar, ac oherwydd ei alwedigaeth? Gwarchod eiddo'r tirfeddianwyr cefnog a bras eu byd oedd gwaith y ciperiaid, ac erlid y werin dlodaidd ei byd, gwerin a oedd ar ei chythlwng drwy'r amser, am geisio lladrata eiddo'r tirfeddianwyr. Roedd hela ysgyfarnogod, petris, ffesantod ac ieir mynydd heb ganiatâd y tirfeddiannwr yn anghyfreithlon, ac roedd gan y ciper hawl i chwilio drwy dai'r werin-bobl i geisio dod o hyd i dystiolaeth eu bod yn potsio, a phe ceid tystiolaeth, rhoi enwau'r troseddwyr i'r tirfeddiannwr. Ar y llaw arall, roedd y tirfeddianwyr eu hunain yn ddrwgdybus ac yn amheus o'u ciperiaid. Gwyddent eu bod yn dwyn adar ac anifeiliaid oddi arnyn nhw yn y dirgel, ac yn gadael i eraill hefyd ladrata eu heiddo am gildwrn. Ai ochri â phwt o botsiwr yn erbyn bostiwr a wnaeth y rheithgor, a'r barnwr hefyd o ran hynny, trwy bennu cosb mor ysgafn, ac mor annigonol, iddo? Y rheithgor a benderfynodd mai cyflawni dynladdiad a wnaeth David Davies, yn hytrach na chyflawni llofruddiaeth, a hynny er mwyn sicrhau na fyddai'n cael ei grogi. Roedd cymaint o atgasedd tuag at Morgan David Lewis fel na ddymunai'r rheithgor fod yn gyfrifol am yrru David Davies at raff y crogwr. Ond beth am y barnwr? Fel arfer, dieithriaid oedd barnwyr y brawdlysoedd, ac ni wyddent ddim oll am y rhai a farnent. A oedd y barnwr wedi synhwyro atgasedd y gymuned leol tuag at Morgan David Lewis, ac wedi ochri â nhw? Ar y llaw arall, yn yr achos hwn y mae'n bosib fod y barnwr yn ymwybodol o'r ymateb lleol i'r lladdiad. Syr Edward Vaughan Williams oedd y barnwr. Roedd ei dad, John Williams, yn fargyfreithiwr ac yn enedigol o Gaerfyrddin. Ei fab oedd y Parchedig Arthur Vaughan Williams, a mab iddo yntau oedd y cyfansoddwr a'r cerddor enwog, Ralph Vaughan Williams. Bu Syr Edward Vaughan Williams yn ymarfer fel barfgyfreithiwr yn Ne Cymru, cyn ei benodi yn farnwr ym 1847, rhyw dair blynedd cyn yr achos hwn.

Er gwaethaf anaddasrwydd y gosb, mae enw David Davies wedi ei gloi a'i gaethiwo am byth yng ngharchar y maen. Ar y garreg, fe'i dedfrydwyd nid i oes o garchar, ond i dragwyddoldeb o garchar.

4

Y CORFF AR Y LLWYBR TROED

LLOFRUDDIAETH JANE LEWIS
Ystrad-dyfodwg, 1862

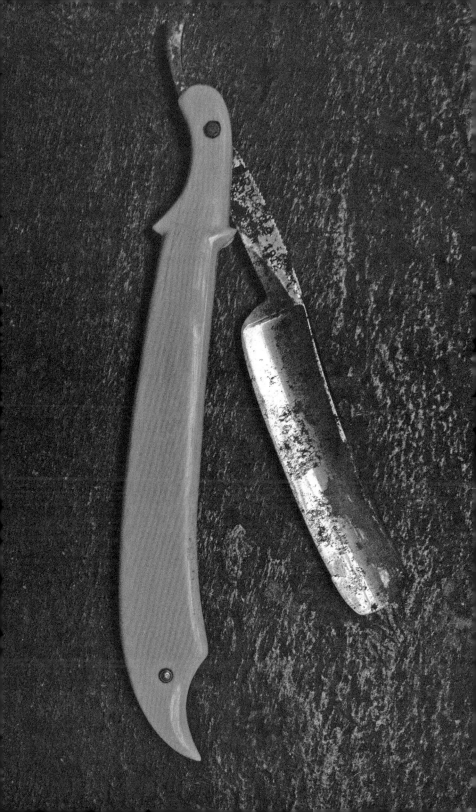

Roedd dau mewn cariad â hi. Ond pa un o'r ddau a'i llofruddiodd? Ar nos Sul, Tachwedd 2, 1862, ychydig cyn chwech o'r gloch y nos, gadawodd Jane Lewis y tŷ lle'r oedd yn byw ac yn gweithio i fynd i'r capel. Roedd Jane yn forwyn ar fferm o'r enw Ty'n Tyle, fferm ar lethr Mynydd Penrhys ym mhlwyf Ystrad-dyfodwg, Cwm Rhondda. Roedd ei meistr a'i meistres yn ei disgwyl yn ôl o'r capel rywbryd wedi wyth o'r gloch, ond, ddwy awr yn ddiweddarach, 'doedd dim golwg ohoni. Aeth ei meistr, Thomas Williams, ac un o'i weision, Thomas Edmonds, i'r gwely, gan adael meistres y tŷ, Maria Williams, ar ei thraed, i ddisgwyl amdani. Pan drawodd y cloc un ar ddeg o'r gloch, roedd Maria Williams yn dechrau amau bod rhywbeth mawr wedi digwydd i Jane. Deffrôdd ei gŵr a'i gwas i fynd i chwilio amdani. Aethant allan i'r gwyll dudew gyda llusern i oleuo'r ffordd. Ni fu'n rhaid iddyn nhw chwilio'n hir. Daethant ar draws corff ar lwybr troed mewn llwyn o goed lai na dau ganllath o bellter o gyrraedd y tŷ. Corff Jane oedd y corff. Roedd ei gwddw wedi cael ei hollti'n ddwfn, o glust i glust, ac roedd anafiadau ar ei bysedd. Yn ymyl y corff roedd rasal â'i llafn yn waed i gyd.

Cynhaliwyd y cwest ar farwolaeth Jane Lewis yn y Star Inn, Gellidawel, ar ddydd Mawrth, Tachwedd 4, ger bron yr Is-grwner, Thomas Williams. Eglurodd Maria Williams mai ei nith oedd Jane. Roedd yn 23 oed, a bu'n gweithio fel morwyn iddi ers rhyw dair blynedd.

O ganlyniad i'r cwest, cymerwyd Thomas Edmonds i'r ddalfa. Eiddo Thomas Edmonds oedd yr ellyn a ddefnyddiwyd i hollti gwddw Jane Lewis, ond haerai ei fod yn gwbwl ddieuog o'r drosedd. Gohiriwyd y cwest am wythnos er mwyn rhoi cyfle i'r heddlu i holi Thomas Edmonds a dod o hyd i ragor o dystiolaeth.

Bwriwyd ymlaen â'r cwest ar ddydd Mawrth, Tachwedd 11, y tro hwn ger bron y Crwner, George Overton, yn ogystal â'r Is-grwner. Y tyst cyntaf a alwyd oedd Maria Williams. Roedd ei nith, meddai, yn canlyn glöwr ifanc o'r enw Thomas Williams, yr un enw â'i gŵr. Roedd yn byw yn Ystrad-dyfodwg. 'Doedd Jane ddim yn bruddglwyfus o ran natur, meddai ei modryb, a 'doedd dim byd anghyffredin na gwahanol yn ei hymddygiad ar y diwrnod y cafodd ei llofruddio. Ar y diwrnod hwnnw, gadawodd Thomas Edmonds y tŷ ryw hanner awr o flaen Jane, yntau hefyd ar y ffordd i'r capel. Roedd ei gŵr wedi gadael y tŷ ers tua thri o'r gloch y prynhawn i fynd gyda'i frawd i weld cymydog mewn fferm gyfagos. Roedd Thomas Edmonds wedi bod yn gweithio i Maria a Thomas Williams ers rhyw chwe mis, ac roedd wedi ymserchu yn Jane, yn ddiarwybod i'w modryb a'i hewyrth. Roedd Jane hithau yn chwarae'r ffon ddwybig, ac roedd yn caru gyda'r ddau, Thomas Williams a Thomas Edmonds. Ni sylwodd Maria Williams ar ddim byd i beri iddi dybio bod Jane a Thomas Edmonds yn gariadon. Ychydig cyn iddi gael ei llofruddio, roedd Jane yn sôn am briodi, a thybiai mai sôn am briodi ei chariad, Thomas Williams, yr oedd.

Wrth roi tystiolaeth, dywedodd Thomas Williams, ewyrth Jane, iddo ddychwelyd i Dy'n Tyle oddeutu wyth o'r gloch. Roedd wedi bod yn y capel, ond ni welodd Jane yno. Tybiai'r ddau ar y pryd ei bod wedi mynd i dŷ un o'r cymdogion i gael te. Rhwng wyth a naw o'r gloch, curodd Thomas Williams, cariad Jane, ar un o ffenestri Ty'n Tyle, ac aeth gŵr y tŷ at y drws. Gofynnodd Thomas Williams iddo a wyddai ble'r oedd Jane. Atebodd yntau na wyddai ble'r oedd ei nith. Nid oedd yn y capel y noson honno. 'Ma' raid bo' hi wedi ca'l cariad arall,' meddai Thomas Williams yn gellweirus, a gadawodd.

Un arall o weision Ty'n Tyle oedd bachgen ifanc pymtheg oed o'r enw David Morgan. Clywodd Jane a Thomas Edmonds yn siarad gyda'i gilydd droeon, ond ni chlywodd y ddau'n cweryla erioed. Cyn iddo adael y tŷ ar y noson honno o Dachwedd, aeth Thomas Edmonds i rwymo'r lloi am y noson. Roedd ychydig o waed ar ei wyneb, ar ôl i un o'r lloi ei fwrw â'i gorn, fel yr eglurodd wrth David Morgan. Dywedodd wrtho hefyd ei fod wedi gweld a chlywed Jane a Thomas Williams yn caru yn y beudy ryw dair wythnos ynghynt.

Archwiliwyd corff Jane gan lawfeddyg o'r enw Henry Norton Davies, gyda chymorth a chydweithrediad meddygon eraill. Disgrifiodd gyflwr y corff yn fanwl. Holltwyd gwddw Jane deirgwaith. Roedd ei dillad yn socian o waed. Roedd archollion ar ei dwy law. Roedd yr archwiliad meddygol yn derfynol ac yn bendant:

On Wednesday morning I was present when Mr. Hunter and Mr. Edwards made an examination of the wound. Assisted by them I made an examination of the abdomen on the 6th instant at noon. I found in the womb a fœtus, about ten weeks old. In the afternoon of the same day, I made an examination of the wounds with Dr. Edwards, of Cardiff. From the character, position, extent, and number of the wounds, I am decidedly of the opinion that they were not self-inflicted. There was no indication of any violation having been used to the person of the deceased. The wounds were evidently inflicted by a sharp instrument, such as a razor, and from behind.

Felly, roedd Jane Lewis yn feichiog. Ai dyna pam y cafodd ei llofruddio? A phwy oedd y llofrudd? Roedd y dystiolaeth feddygol, mewn gwirionedd, wedi dadlennu nifer o ffeithiau allweddol, ar wahân i'r ffaith fod Jane yn feichiog. Nid cyflawni hunanladdiad a wnaeth. Roedd hynny yn amhosib. Profai'r anafiadau ar ei dwy law ei bod wedi ceisio ei hamddiffyn ei hun rhag yr ymosodwr.

Parhawyd y cwest ar y diwrnod canlynol, dydd Mercher. Y tro hwn galwyd ar Thomas Williams, cariad Jane, i ddwyn tystiolaeth. Roedd Jane ac yntau wedi bod yn gariadon ers blwyddyn a hanner. Roedd y ddau yn hwylio i briodi, ymhen rhyw bythefnos neu dair wythnos. Y troeon olaf iddo weld Jane oedd ar nosweithiau Mawrth a Gwener cyn ei marwolaeth ar ddydd Sul. Edrychai ymlaen at gael ei thŷ ei hun, er nad oedd ganddi yr un gŵyn yn erbyn ei modryb a'i hewyrth. Gwelodd Jane yn mynd i Gapel Nebo ar y bore dydd Sul tyngedfennol hwnnw o Chwefror, ond ni chafodd gyfle i dynnu sgwrs â hi. Roedd wedi trefnu i gwrdd â hi y tu allan i Gapel Nebo am chwech o'r gloch y noson honno. Ni welodd mohoni yn unman, ac aeth i'r oedfa yn y capel. 'Doedd hi ddim yn y capel ychwaith, ond roedd ewyrth Jane a'i frawd yno. Ar ôl y gwasanaeth, wrth gerdded tuag adref, holodd rai o ffrindiau Jane am ei hynt a'i helynt, ond 'doedd neb wedi ei gweld. Wedyn aeth i Dy'n Tyle i holi amdani.

Yn ôl Thomas Williams, roedd Jane wedi dweud wrtho fod Thomas Edmonds yn awyddus i'w chanlyn, ond nid oedd wedi ei

annog mewn unrhyw ffordd. Ni fygythiwyd Jane ganddo unwaith
hyd y gwyddai, er iddo fygwth dweud wrth ei feistr a'i feistres ei
fod wedi dal Jane ac yntau yn caru yn y beudy. Ni ddywedodd Jane
unwaith fod Thomas Edmonds yn codi ofn arni.

Tyst arall oedd Cwnstabl Richard Wise, ac roedd ei dystiolaeth
yntau hefyd yn allweddol. Ar ôl iddo gael ei alw i weld y corff, aeth
i'r tŷ. 'Doedd Thomas Edmonds ddim yn y tŷ ar y pryd, ond pan
ddychwelodd, cafodd ei holi gan Wise:

> Witness asked prisoner if the razor was his property. He said,
> "I do not know; it is very much like my razor and case. I do
> not like to say that it is my razor until I see whether it is in
> the house. If my razor is not in the house, I think it must be
> mine." He then asked prisoner to go into the stable, where
> witness examined his clothes. Prisoner said, "Do you think
> I have done this thing?" Witness told him he did not know,
> but it was his duty to examine his clothes, and he said "I am
> very willing. I'll take my clothes all off if you like." Witness
> examined all his clothes minutely, but could not find marks
> of blood anywhere. Afterwards the body was removed up to
> the house.
>
> In answer to the prisoner, witness said that he did not offer
> the slightest resistance, nor appear to be the least excited.

Tystiodd Maria Williams mai'r dillad a archwiliwyd gan Wise
oedd y dillad a wisgai Thomas Edmonds pan adawodd y tŷ i fynd
i'r capel y noson y llofruddiwyd Jane, ac eithrio blaen crys gwyn.
Pan gododd Thomas Edmonds o'r gwely i fynd i chwilio am Jane,
ni thrafferthodd wisgo'r blaen crys gwyn, meddai. Felly, ar ôl
llofruddiaeth mor erchyll, nid oedd yr un diferyn o waed ar ddillad
Edmonds.

Tyst arall oedd John Morgan, tad y bachgennyn David Morgan.
Roedd ganddo stori ryfedd i'w hadrodd. Oddeutu hanner awr wedi
pump ar ddiwrnod y llofruddiaeth, galwodd Thomas Edmonds
heibio i'w gartref. Roedd ganddo grafiad bychan ar ochr ei drwyn

ac ychydig o waed ar ei wyneb. Dywedodd fod llo wedi ei gornio. Gofynnodd i John Morgan ymhle y gallai gael trwydded i briodi. Roedd yn bwriadu priodi Jane cyn diwedd yr wythnos. Dywedodd John Morgan y gallai gael trwydded briodas yn Llandaf. Ni wyddai ddim byd am garwriaeth Thomas Edmonds a Jane Lewis. Dywedodd Edmonds wrtho ei fod wedi dal Jane a Thomas Williams yn caru yn y beudy.

Cadarnhaodd Kezia Morgan, gwraig John Morgan, yr hyn a ddywedodd ei gŵr. Credai fod Thomas Edmonds o ddifri ynglŷn â phriodi Jane. Dywedodd wrth y ddau fod Jane yn ei ffafrio ef ar draul ei chariad arall. Roedd Jane ei hun wedi brysio'r briodas ymlaen, meddai, trwy fygwth priodi Thomas Williams os na fyddai ef yn ei phriodi. Arhosodd Thomas Edmonds ym mwthyn John a Kezia Morgan am ryw ugain munud, cyn mynd ymlaen i'r capel. Cyn iddo fynd i weld y ddau, galwodd yn y Star Inn, ond ni fu yno'n hir.

Cyrhaeddodd y capel. Roedd yr oedfa yn cychwyn am chwech o'r gloch, ac arhosodd tan y diwedd. Roedd Thomas Williams hefyd yn bresennol yn yr oedfa. Cerddodd Thomas Edmonds ran o'r ffordd tuag at Dy'n Tyle ar ôl y gwasanaeth yng nghwmni dau gymydog. Dywedodd wrth un ohonyn nhw am ei gynlluniau i briodi Jane, a gofynnodd iddo ddod i'r briodas. Roedd Jane wedi ei llofruddio ddwy awr a rhagor ynghynt.

Gohiriwyd y cwest tan ddydd Iau, Tachwedd 20. Y tro hwn, cynrychiolwyd y diffynnydd gan Mr Verity, cyfreithiwr o Ben-y-bont ar Ogwr. Wrth gael ei holi, dywedodd Maria Williams na wyddai ddim oll am fwriad ei nith i briodi Thomas Edmonds. Roedd y ddau yn tynnu ymlaen yn dda gyda'i gilydd, ac ni chlywodd mohonyn nhw yn cweryla unwaith. Holwyd David Morgan. Un tro yn ddiweddar, meddai, roedd Jane yn crio wrth gorddi llaeth yn y tŷ. Cymerodd Thomas Edmonds hi ar ei lin i'w chysuro, a rhoddodd gusan ar ei boch. Ni allai David Morgan glywed y sgwrs rhwng y ddau. Tyst arall oedd cymdoges o'r enw Mary Johns. Dywedodd Thomas Edmonds wrthi fod Jane yn feichiog, a phan ofynnodd pwy oedd tad y plentyn, atebodd na wyddai, ond roedd yn bwriadu ei phriodi beth bynnag, o ran tosturi.

Cafwyd tystiolaeth meddyg arall, llawfeddyg o'r enw Mr Davies o Gaerdydd. Dywedodd yr un peth ag a ddywedodd y meddygon eraill. Y ddau beth pwysicaf a ddywedodd oedd y dylai fod llawer o waed ar gorff a dillad y llofrudd, ac nad oedd modd yn y byd fod Jane wedi cyflawni hunanladdiad.

Ymhelaethodd Thomas Edmonds ar ei berthynas â Jane. Yn wahanol i'r hyn a ddywedodd Thomas Williams, nid oedd wedi bwriadu dweud yr un gair wrth Maria a Thomas Williams am ddal y ddau yn caru yn y beudy. Dywedodd Jane y byddai yn hollti ei gwddw â chyllell pe bai'n datgelu hynny, a chydiodd mewn cyllell yn y fan a'r lle i ddangos ei bod o ddifri; addawodd yntau, Thomas Edmonds, na fyddai'n dweud yr un gair am y peth. Datgelodd ragor o fanylion ynghylch ei 'garwriaeth' â Jane pan gafodd ei holi gan Gwnstabl Richard Wise:

> I should not like to say much about it now as such a thing has happened, but I'll tell you the truth. I have been courting with Jane ever since I have been here, on the sly. I wanted to show to people that we were courting, but Jane was not willing, for fear that her uncle and aunt would not be willing for her to court with me. I had connections with Jane once, about six weeks or two months ago, on the bed, as she was passing my bed to go to her own bed. Jane told me that she was in the family way about a month ago. I left off courting Jane when I catched her bad with Thomas Williams in the cow-house, until last Saturday morning. She was crying by the fire. I did pity her, and began to talk to her again. We then settled to get married as soon as we could.

Gwir neu beidio, dyna dystiolaeth Thomas Edmonds. Ni wyddai neb am ei garwriaeth ef a Jane oherwydd bod y ddau wedi cadw'r berthynas yn gyfrinach, rhag ofn i Thomas a Maria Williams ddod i wybod am y garwriaeth, a thaflu Thomas Edmonds allan o'r tŷ,

a'i gyrru hithau yn ôl at ei rhieni hefyd yn y fargen. Tystiodd John
Thomas, brawd-yng-nghyfraith Jane, fod Thomas Edmonds wedi
dweud wrtho fod Jane ac yntau yn gariadon.

Parhawyd y cwest ar ddydd Gwener. Anerchwyd y rheithgor gan
y Crwner. Y darn mwyaf allweddol o dystiolaeth oedd yr ellyn a
ddefnyddiwyd i ladd Jane Lewis. Meddai'r Crwner:

> The instrument with which the injuries resulting in death
> were produced was unquestionably a razor. The evidence is, in
> a degree, wanting in certainty as to whom that razor belongs,
> though the doubt is small ... [T]he act must have been that
> of some one who had access to the house. Now, what is the
> evidence upon this point? That evidence leaves little or no
> doubt that the razor found near the body was Edmonds's, her
> fellow-servant's razor. This being so, the inmates of that house
> must not be surprised to think that they, or some of them,
> must be regarded with suspicion.

Ar ôl i'r Crwner annerch y rheithwyr, gan bwysleisio, yn ôl
tystiolaeth gadarn y meddygon, mai cael ei llofruddio a wnaeth
Jane Lewis, nid cyflawni hunanladdiad, aeth y rheithwyr allan o'r
ystafell. Daethant yn ôl awr yn ddiweddarach. Barnent mai cyflawni
hunanladdiad a wnaeth Jane Lewis, mewn pwl o wallgofrwydd. Ni
allai'r Crwner na neb arall gredu eu clustiau. Ar ôl i'r meddygon
bwysleisio dro ar ôl tro nad oedd modd yn y byd fod Jane Lewis
wedi hollti ei gwddw ei hun deirgwaith, a bod rhywun arall yn
gyfrifol am ei lladd, aeth y rheithgor yn hollol groes i farn arbenigol
y meddygon, deuddeg yn erbyn dau. Ni fynnai'r Crwner dderbyn
hyn, a thraddodwyd Thomas Edmonds i ymddangos ger bron llys
yr ynadon ym Mhontypridd. Un o swyddogaethau ynadon oedd
cynnal gwrandawiad i benderfynu a oedd digon o dystiolaeth i
gyfiawnhau anfon achos i'w brofi yn y Frawdlys. Ynadon arholi oedd
y rhain.

Ymddangosodd Thomas Edmonds ger bron llys yr ynadon ar
ddydd Iau, Tachwedd 27. Gofynnodd Mr Verity am wythnos o

oediad cyn bwrw ymlaen â'r achos. Caniatawyd hynny. Agorwyd
y gwrandawiad ar ddydd Iau, Rhagfyr 4. Ailgyflwynwyd y tystion
a'r tystiolaethau a glywyd eisoes. Cynrychiolwyd yr erlyniaeth
gan John Stockwell, cyfreithiwr o'r Bont-faen, a chynrychiolwyd y
diffynnydd eto gan Mr Verity. Cymerodd drwy'r dydd i wrando ar
bob tystiolaeth. Parhawyd y gwrandawiad ar y diwrnod canlynol,
ond, ar ôl methu dod i benderfyniad, ac er mwyn casglu rhagor o
dystiolaeth, bwriwyd yr achos ymlaen i Frawdlys Morgannwg. Daeth
yr achos ger bron y Frawdlys ddiwedd mis Rhagfyr, ac fe'i gohiriwyd
tan sesiwn wanwynol Brawdlys Morgannwg, a gynhaliwyd ym mis
Mawrth 1863. Barnwyd nad oedd digon o dystiolaeth uniongyrchol
yn erbyn y carcharor i'w roi ar brawf, a chafodd Thomas Edmonds
ei ryddhau, ond gan nodi bod gan yr heddlu hawl i'w arestio eto a'i
roi ar brawf pe bai rhagor o dystiolaeth yn dod i'r fei. Ni ddaeth dim.

Achosodd penderfyniad y rheithgor ar ôl y pum niwrnod o gwest
dipyn o storm. Tybed ai diffyg cydymdeimlad â Jane, oherwydd
bod ganddi ddau gariad, a barodd i'r rheithwyr fynd yn groes
i'r dystiolaeth feddygol? Aeth yr achos yn enwog, dros nos bron.
Syfrdanwyd y papurau gan y rheithfarn. Meddai un o bapurau De
Cymru, y *Cardiff and Merthyr Guardian*:

> The medical gentlemen who had examined the body and the
> wounds on the throat, gave most clear and distinct evidence,
> the inference from which was that foul play must have been
> used, in other words that the injuries inflicted on the poor
> girl were not caused by herself but were the work of another.
> Mr. DAVIES and Dr. EDWARDS unhesitatingly declared that
> it was utterly impossible for any person to have inflicted on
> himself or herself three such mortal cuts as were observed
> on the body of JANE LEWIS. They were fortified in this
> view by the opinion of one of the most eminent of the faculty
> in London, the well-known and celebrated Dr. TAYLOR.
> Notwithstanding, however, all this medical evidence, twelve
> out of the fourteen gentlemen, constituting the Jury, agreed
> to differ from the learned doctors, and though all the medical

and chirurgical [llawfeddygol] testimonies and authorities from the days of Escalapius down to their own, might be produced before them to confirm the sworn statements of the Cardiff and Pontypridd doctors, yet all was of no avail – they could not, and, what is more difficult, they would not be convinced.

Atebwyd yr ymosodiadau ar y rheithgor gan un o'r rheithwyr. Roedd y cyhoedd yn crefu am esboniad gan y rheithwyr, a cheisiodd 'Fact' gyfiawnhau penderfyniad y rheithgor, eto yn y *Cardiff and Merthyr Guardian*. Yn ôl y rheithiwr hwn, nid Thomas Edmonds a laddodd Jane Lewis:

I have not the least doubt but that Jane Lewis committed the awful and horrible deed upon herself which caused her death. It was proved by the most positive evidence that the servant-man, Thomas Edmonds, was down on the road in the village when the up-train went by at a quarter after five o'clock. This *fact* can be attested to by half the people in the place, while the evidence produced before the jury was that the deceased only left a *little* before six, and that little was thought by the witness to be about a quarter of an hour, so that the prisoner was in the village half an hour before the deceased left the house, and the man having been seen from that time until his return to the house, and that fact having been so fully attested, exonerates the prisoner from any implication whatever.

Gwnaeth llythyr 'Fact' gymwynas â'r cyhoedd trwy amlinellu dull y deuddeg rheithiwr o ymresymegu. Nid anwybodaeth ddall nac ystyfnigrwydd pengaled a barodd iddyn nhw wrthod dadansoddiadau a damcaniaethau'r meddygon:

Mr. H. N. Davies of Cymmer was called to examine the body on the morning after she was found dead. He did so, and took notes I dare say of what he saw after examining as minutely as possible, or at least he should have done so, or how could he know that all was the same when he went there next as he found it the first time. Well, after this examination, what did the doctor say? He told about a dozen people to my knowledge that "the deceased's death had been caused by her own hand." That is a fact which is substantiated. I believe Dr. Davies to be a man of very delicate feelings, and further that the odium of the deceased's miserable end should not darken with sorrow the hearts of her relations may have had an effect on so tender a heart as the doctor's. But, however that may be, the doctor changed his story – I don't say his mind; and said that it was "impossible" that the deceased could have inflicted such wounds on herself, which I presume to call the greatest presumption, and think it impossible for him or any other man to say what is impossible for a person in such condition. I have heard more than one doctor say, that cutting all the soft parts of the throat down to the spine will not affect the power of the arm while the blood is running from the heart; then, is it not presumption for a man to say that that which is impossible for him to know is "impossible," and that, while the life perhaps of one of his fellow creatures hangs on his words.

Beth yn union yw'r gwir ynglŷn â'r achos hynod gymhleth hwn? A oes esboniad boddhaol sy'n clymu'r holl dystiolaethau hyn ynghyd? Y dystiolaeth gryfaf yn erbyn Thomas Edmonds oedd y ffaith mai ei rasal ef a ddefnyddiwyd i ladd Jane Lewis. Nid Thomas Williams, y cariad arall, oedd y llofrudd felly. Nid oedd yn byw yn y tŷ, ac nid aeth i mewn i'r tŷ ar y diwrnod hwnnw. Cadwai Thomas Edmonds ddwy rasal ar ben cwpwrdd yn y tŷ, ac ni wyddai Thomas Williams hynny; ond fe wyddai preswylwyr y tŷ. Ac eto, nid oedd yr un diferyn o waed ar y dillad a wisgai Thomas Edmonds ar noson y llofruddiaeth. Sut y gallai hynny fod?

Ar un ystyr, bu Jane yn rhyfeddol o anlwcus. Ymhen pythefnos ar ôl diwrnod ei llofruddiaeth, byddai wedi gadael Ty'n Tyle. Roedd ei rhieni wedi prynu fferm newydd, a dymunent gael Jane yn ôl i'w helpu. Gwyddai Jane hynny, ond ni wyddai Thomas Edmonds na Thomas Williams ei bod ar fin gadael Ty'n Tyle. Ac eto, efallai fod y bwriad i adael Ty'n Tyle yn rhannol gyfrifol am ei marwolaeth. Roedd Jane mewn cyfyng-gyngor ynglŷn â beth i'w wneud. Cyn hir, byddai ei beichiogrwydd yn dangos. Sut y gallai wynebu ei modryb a'i hewyrth, a hithau wedi cyflawni pechod mwyaf yr oes biwritanaidd honno yn eu cartref, sef syrthio yn feichiog? A sut y gallai wynebu ei rhieni? A phwy oedd tad y plentyn? Hyd yn oed pe bai'r ddau yn cynnig ei phriodi, pwy a ddewisai? A allai fentro dewis un gan obeithio mai hwnnw oedd tad y plentyn?

Roedd Jane wedi trefnu i gyfarfod â Thomas Williams y noson honno. A aeth Thomas Williams i gwrdd â hi? Mae llawer o ansicrwydd ynglŷn ag union amseriad symudiadau Jane a'i dau gariad ar y noson honno. Honnai Thomas Williams ei fod wedi treulio'r prynhawn Sul hwnnw yng nghwmni cyfaill, hyd nes yr aeth i Gapel Nebo tua chwech o'r gloch. Yn ystod y noswaith honno, roedd Thomas Edmonds wedi bod yng nghartref John a Kezia Morgan, wedi bod yn y Star Inn cyn hynny ac ym mhentref Gellidawel wedi hynny, ac ar ôl hynny, wedi mynd i'r capel. Roedd digon o dystion wedi ei weld o gwmpas ar yr adeg y llofruddiwyd Jane.

Mwy na thebyg mai hyn a ddigwyddodd. A hithau'n feichiog ac ar fin gadael Ty'n Tyle, roedd Jane mewn penbleth ynglŷn â beth i'w wneud. Bellach, roedd yn rhaid iddi ddweud wrth Thomas Williams am ei chyflwr. Bu'n ei ganlyn ers blwyddyn a hanner, a thebygai mai ef oedd y tad, ond a fyddai yn ei phriodi? Aeth â rasal Thomas Edmonds gyda hi, nid i'w lladd ei hun ond i fygwth ei lladd ei hun pe bai Thomas Williams yn gwrthod ei phriodi. Ei nod oedd cornelu Thomas Williams, ei orfodi i'w phriodi. Gwyddai'n union lle y cadwai Thomas Edmonds ei ellyn. Roedd wedi bygwth ei gwanu ei hun â chyllell pe bai Thomas Edmonds yn dweud amdani hi a Thomas Williams yn caru yn y beudy wrth ei modryb a'i hewyrth. Câi morwynion beichiog eu gadael ar y clwt yn aml yn yr oes honno. Roedd creu bywyd newydd y tu allan i barchusrwydd priodas yn bechod aflan. Ai bwriad Jane oedd bygwth cyflawni hunanladdiad yn y fan a'r lle pe bai Thomas Williams yn gwrthod ei phriodi? A oedd Jane wedi dweud am ei pherthynas â Thomas Edmonds wrth ei chariad, ac a oedd yntau wedi amau mai Edmonds, ac nid ef, oedd tad y plentyn? A oedd Jane wedi dweud wrtho fod Thomas Edmonds yn fodlon ei phriodi os na fyddai ef yn ei phriodi? Yn wir, a oedd Jane wedi trefnu i gwrdd â Thomas Williams yn unswydd i ddweud wrtho ei bod yn bwriadu priodi Thomas Edmonds? Roedd rhai pethau yn sicr wedi cael eu dweud, digon o bethau i gynddeiriogi Thomas Williams, nes peri iddo lofruddio Jane mewn pwl ffyrnig o wallgofrwydd. Cymerodd rasal Thomas Edmonds oddi arni, a hollti ei gwddw mewn tri lle; ceisiodd hithau ei hamddiffyn ei hun â'i dwylo, nes i'r rheini hefyd ddwyn olion yr ymrafael. A fyddai Thomas Edmonds wedi gadael ei rasal ar ôl, yn dystiolaeth ddiymwad, pe bai wedi cyflawni'r drosedd? Gwyddai Thomas Williams mai eiddo rhywun arall oedd y rasal, a gadawodd hi yn ymyl y corff gan obeithio y byddai rhywun arall yn cael y bai am lofruddio Jane Lewis.

Ond beth am y gwaed? Byddai Thomas Williams yntau yn waed i gyd pe bai wedi cyflawni'r drosedd. Honnai iddo fod yng nghwmni cyfaill iddo ar y diwrnod y lladdwyd Jane, o'r prynhawn hyd yr hwyr, hyd pan aeth i'r capel. Roedd yr heddlu yn argyhoeddedig mai Thomas Edmonds oedd y llofrudd, a gadawyd Thomas Williams yn llonydd, i bob pwrpas. Ni wnaed unrhyw ymholiadau manwl yn ei gylch, ac nid aeth yr heddlu i'w gartref yn Ystrad-dyfodwg i chwilio am dystiolaeth, dillad ac esgidiau â gwaed arnyn nhw yn fwy na dim. A gafodd gyfle i newid ei ddillad cyn mynd i'r capel?

Ac i gloi'r achos rhyfedd hwn am y tro, ceir y ddogfen ganlynol ymhlith archifau Heddlu De Cymru. Gwybodaeth a roddwyd i'r heddlu gan ŵr o'r enw Richard Packer o Drefforest ym 1902 yw'r ddogfen. Tybiwyd bod Thomas Williams wedi ymfudo i Awstralia rywbryd ar ôl 1862. Dyma'r wybodaeth a roddodd Richard Packer i'r heddlu:

A year or two after the Tyntyla murder, my father and I were residing at a place 20 miles from Ballarat, Australia. One Sunday afternoon, we were both out in our shirt sleeves, standing outside our door. We observed, coming along the road, a man behaving strangely. He was picking up stones, and then throwing them at the doors of the houses as he walked along. He stopped opposite to us and said, "You are Welshmen." I replied, "Yes, we are. How come you to think so?" He answered, "I guessed it by the check of your flannel shirts." Then he asked, "From where in Wales?" I replied, "From Llantrisant, Glamorgan." He then said, "I come from the Rhondda Valley. Did you hear of the murder of Jane Lewis of Tyntyla?" I replied in the affirmative. He then said, "It was I that killed her." We never saw him after nor before, and I have no idea who he was. Tom has never since been heard of.

Tybed?

Ers rhagor na chanrif a hanner, mae Jane wedi bod yn gorwedd yn yr un bedd â'i rhieni, Isaac a Selina Lewis, er bod y capel, Capel Ainon, a'r fynwent lle y claddwyd Jane wedi diflannu erbyn hyn i greu cwrt chwarae i blant yn Nhonyrefail. Cadwyd y cerrig beddau, fodd bynnag, a'u gosod y tu ôl i'r cwrt chwarae. Lladdwyd Jane, yn ôl y garreg, 'probably by a cruel hand', gan lynu wrth y siawns denau ac annhebygol iawn mai cyflawni hunanladdiad a wnaeth.

5

Y CORFF YN Y FFERMDY

LLOFRUDDIAETH ESTHER DAVIES
Mynydd y Rhos, Cynwyl Elfed, 1869

Tua hanner awr wedi wyth o'r gloch y nos, ar nos Iau, Tachwedd 4, 1869, roedd Esther Davies yn paratoi swper yn yr ystafell fechan a ddefnyddid fel ystafell fwyta yn ei chartref, ffermdy o'r enw Blaenduad. Yna, yn sydyn, clywyd sŵn gwn yn tanio a sŵn gwydr yn malu ac yn sgrialu. 'Hawyr bach, pwy'n saethodd i?' llefodd, a rhuthrodd un o'r gweision i'w dal cyn iddi gwympo. Roedd rhywun wedi ei saethu drwy'r ffenestr.

Gwraig fferm a gwraig ifanc ddwy ar hugain oed oedd Esther Davies. Dim ond newydd symud i fferm ddiarffordd o'r enw Blaenduad ar fynydd y Rhos ym mhlwyf Cynwyl Elfed, uwchlaw pentref Llanpumsaint, yr oedd Esther a'i gŵr; a dim ond newydd briodi hefyd. Roedd popeth yn newydd i Esther ac yn addo llawer ar gyfer y dyfodol, nes i rywun roi terfyn ar ei bywyd ifanc ar noson dywyll o Dachwedd.

Nid oedd ei gŵr gartref ar y pryd. Yn y ffermdy gyda hi y noson honno roedd pedwar gwas a morwyn. Daeth ei gŵr yn ôl i Flaenduad oddeutu deg o'r gloch y nos, a chafodd ei lorio'n llwyr gan y newydd a oedd yn ei aros. Bu farw Esther ychydig cyn naw o'r gloch, ugain munud ar ôl iddi gael ei saethu.

Roedd yn nos Wener cyn i'r heddlu ddod i wybod am y llofruddiaeth, ac aethant i Flaenduad ar unwaith. Buont yno drwy'r nos, tan wyth o'r gloch y bore wedyn. Gwelwyd ôl traed – ond nid ôl ei esgidiau – ar draws dau gae y tu allan i'r tŷ, ac yna diflannodd y trywydd. Roedd y llofrudd wedi agosáu at y tŷ yn nhraed ei sanau, rhag i rywun ei glywed a rhag iddo adael ôl ei esgidiau yn y llaid a'r pridd, i alluogi'r heddlu i'w gysylltu â'r drosedd. Roedd y fwled wedi treiddio trwy gorff Esther, ac wedi suddo i mewn i ddrws y llaethdy, a oedd y tu ôl iddi pan gafodd ei saethu; roedd rhai mân-belenni hefyd wedi treiddio i mewn i'w chorff.

Cyn iddi briodi, gweithiai Esther Davies fel morwyn i ddau frawd a chwaer ar fferm o'r enw Frwdia yn ymyl Castellnewydd Emlyn. Bu yno am dair blynedd. Roedd Esther, yn ôl pob tystiolaeth, yn ferch hynod o hardd, ac roedd y ddau frawd, David a John Davies, mewn cariad â hi. Roedd y brodyr ugain mlynedd a rhagor yn hŷn na hi, John yn 43 a David yn 46, ac roedd Esther yn hoff o'r ddau;

yn wir, roedd yn caru gyda'r ddau, o'r naill i'r llall. Roedd John a David wedi cynnig ei phriodi, a bu'n pendroni'n hir pa un o'r ddau a fynnai ei gael yn ŵr iddi. Yn y pen draw, dewisodd John. Torrodd galon y brawd arall. Ar ôl iddi ddyweddïo â John, gadawodd Esther y ddau frawd a'u chwaer, ac aeth i fyw at ei thad, llafurwr cyffredin a oedd yn byw mewn bwthyn o'r enw Gwastad yn ymyl Llangeler, tra oedd John yn chwilio am fferm newydd ar ei gyfer ef ac Esther. Roedd casineb a chenfigen David tuag at ei frawd yn ei gorddi, ac nid oedd modd yn y byd y gallai Esther fyw dan yr unto â'r ddau frawd mwyach. Ym mis Ebrill 1869, aeth Daniel Davies, tad Esther, i Frwdia i'w chyrchu hi a'i heiddo yn ôl i'w hen gartref. Pan adawodd Frwdia roedd yn ei dagrau. Gofynnodd ei thad iddi beth oedd yn bod, ac atebodd hithau fod David wedi ymddwyn yn fygythiol tuag ati. Dywedodd wrthi na fyddai yn marw ar wellt ei gwely pe bai'n priodi John, gan olygu nad marw'n naturiol a wnâi.

Ar ôl aros gyda'i thad am ychydig wythnosau, hudwyd Esther yn ôl i Frwdia gan Anne Davies, chwaer y ddau frawd, trwy gynnig cyflog uwch iddi pe dychwelai. Gwnaeth hynny. Arhosodd yno tan adeg y cynhaeaf, a gadawodd eto, er mwyn paratoi ar gyfer ei phriodas. Y tro hwn, ei brawd William a aeth i Frwdia i'w chyrchu ac i'w helpu i gario'i dillad i Wastad. Cyn gadael, erfyniodd ar ei brawd i beidio â'i gadael ar ei phen ei hun yn y tŷ gyda David, rhag ofn y byddai'n dweud rhywbeth cas wrthi.

Pan oedd yn aros gyda'i thad am yr eildro, arferai John fynd draw i'w gweld, ac weithiau byddai David yn ei ddilyn o hirbell, ac ar ôl cyrraedd Gwastad, byddai'n gwneud sŵn aflafar y tu allan, i darfu arnyn nhw. Daliodd Esther ef un tro yn edrych i lawr ar y ddau drwy'r simnai lydan yn y bwthyn, fel pe bai'n ceisio gwrando ar eu sgwrs.

Priododd John ac Esther ar Fedi 25, 1869, ac aethant i fyw i Flaenduad, y fferm anghysbell ar fynydd y Rhos yr oedd John wedi ei dewis ar gyfer eu bywyd priodasol.

Enw morwyn Blaenduad oedd Anne Jenkins. Daeth i mewn i'r tŷ tuag ugain munud wedi wyth o'r gloch ar y nos Iau honno, ar ôl bod yn torri erfin gyda William, brawd ifanc Esther. Roedd ei meistres yn hel at wneud swper. Gofynnodd Anne iddi, yn gellweirus, a ddylai gymryd ei brawd yn gariad iddi? 'Pa les 'nele hynny i ti, Anne fach?' atebodd, ac ar yr eiliad honno clywodd Anne Jenkins sŵn fel sŵn ergyd o wn. Dyna pryd y dywedodd Esther, "Hawyr bach, pwy'n saethodd i?' Neidiodd un o'r gweision, David Thomas, ar ei draed i'w dal hi. Aeth â hi at y fainc yn y gegin, a'i rhoi i eistedd arni o flaen y tân; eisteddodd yntau wrth ei hochor, i'w chynnal. Gwelodd Anne Jenkins waed ar fraich chwith Esther, a phan ddechreuodd ei dadwisgo, roedd llawer o waed yn llifo o dwll yn union o dan ei chalon, ac roedd cannwyll ei bywyd ar fin diffodd. Roedd yr ystafell fach yn llawn o ddrewdod pylor. Ni fentrodd neb allan o'r tŷ i weld pwy a daniodd y gwn yn syth ar ôl y digwyddiad, ac ni welodd neb unrhyw ddieithryn o gwmpas ar y noson honno.

Gwas fferm oedd David Thomas, ond nid oedd yn un o weision sefydlog Blaenduad. Digwydd bod yno yn gweithio ar y diwrnod yr oedd. Daeth i mewn i gael ei swper tuag wyth o'r gloch, ac eisteddodd wrth y tân. Roedd ei feistres yn hulio'r bwrdd yn yr ystafell fach ar y pryd. Rhedodd ati pan glywodd sŵn y tanio. Roedd y tri arall, Evan James, John Davies a William Davies, brawd Esther, wedi dychryn gormod i wneud dim, meddai. Fodd bynnag, ychydig funudau ar ôl i Esther gael ei saethu, magodd Anne Jenkins a John Davies, un o'r gweision, ddigon o blwc i fentro allan i'r nos, er y gallai'r llofrudd fod o gwmpas o hyd, ac er bod y noson honno yn digwydd bod yn un stormus ryfeddol. Gadawsant Flaenduad ryw chwarter awr ar ôl i rywun saethu Esther i chwilio am help, a bu'n rhaid i'r ddau groesi ceunant dwfn a brwydro yn erbyn y gwynt a'r glaw i gyrraedd fferm gyfagos o'r enw Llain-fawr, lle'r oedd cymdogion o'r enw Thomas a Mary Howells yn byw. Pan ddychwelodd y ddau hanner awr yn ddiweddarach gyda Thomas a Mary Howells, roedd eu meistres wedi marw. Bu farw ym mreichiau David Thomas, bum munud ar ôl i Anne Jenkins a John Davies adael.

Ar ôl i'r heddlu ddechrau turio i'r mater, a dod i wybod am y drwgdeimlad a'r gwrthdaro rhwng y ddau frawd trwy holi cymdogion, arestiwyd David Davies ar yr amheuaeth o ladd Esther Davies. Roedd yr olion traed a adawodd y llofrudd yn arwain i gyfeiriad Frwdia. Pan holwyd ef gan yr heddlu, dywedodd nad aeth yn agos at Flaenduad ar noson y llofruddiaeth. Am hanner awr wedi saith, aeth i ymweld â'i chwaer ar fferm o'r enw Blaenmeiniog. Gadawodd Flaenmeiniog ac aeth yn ôl i Frwdia. Gofalodd fod y gwartheg yn iawn am y nos, cafodd bwt o swper, ac yna aeth i fferm o'r enw Bercoed-uchaf ar ffiniau Sir Gaerfyrddin, dair milltir o bellter i ffwrdd o'i gartref. Aeth yno ar droed. Roedd yn canlyn merch y fferm, meddai. Aeth yr heddlu i Fercoed-uchaf i holi'r ferch. Gwadodd, i gychwyn, fod David Davies wedi bod yno; yna, newidiodd ei meddwl a dywedodd fod David Davies wedi dod yno, oddeutu naw o'r gloch, ryw hanner awr ar ôl i Esther Davies gael ei saethu. A allai gerdded tair milltir mewn hanner awr? Er mai David Davies a amheuid yn fwy na neb o gyflawni'r drosedd, roedd un posibiliad arall. Dywedwyd bod y tenant a ffermiai Flaenduad cyn i John Davies brynu'r fferm yn ddig iawn wrth y tenant newydd am ddwyn ei fferm oddi arno.

Gofynnodd yr heddlu i David Davies a oedd ganddo wn. Atebodd fod gwn ganddo, ond roedd wedi ei roi i gymydog i'w lanhau. Tystiodd y cymydog hwnnw, gwneuthurwr casgenni o'r enw Ebenezer Thomas o Langeler, fod gwn David Davies wedi bod yn ei feddiant ers pum wythnos, ac nad oedd wedi cael ei danio ers rhyw dair wythnos.

Arestiwyd David Davies ar fore dydd Sadwrn, Tachwedd 6. Aethpwyd ag ef i Gaerfyrddin, ac am hanner dydd, ymddangosodd o flaen yr ynadon lleol. Gofynnodd Capten Isaac Colquhoun, Uwcharolygydd gyda'r heddlu ar y pryd, am gael cadw David Davies yn y ddalfa tan ddydd Iau, dan yr amheuaeth mai ef a lofruddiodd Esther Davies. Caniatawyd hynny. Bu'n rhaid i'r clerc ddarllen y cyhuddiad yn ei erbyn yn Gymraeg, gan na fedrai fawr ddim o Saesneg. Ei ateb i'r cyhuddiad oedd 'Nid wyf yn gwybod dim am y mater'.

Ar nos Lun, Tachwedd 8, cynhaliwyd y cwest ar farwolaeth Esther Davies yn un o ystafelloedd ffermdy Blaenduad ei hun, gyda chorff Esther Davies yn gorwedd mewn arch yn yr ystafell nesaf ati. Roedd y rheithwyr wedi gweld y corff cyn i'r cwest agor. Eglurodd

John Davies ei fod ef ac Esther wedi bod yn briod ers pum wythnos. Ar y diwrnod y llofruddiwyd ei wraig roedd John Davies wedi gadael y tŷ am bump o'r gloch yn y prynhawn, ac wedi marchogaeth i Wastad, gyda'r bwriad o hurio gwas newydd. Pan ddychwelodd i Flaenduad am ddeg o'r gloch y nos, roedd y drws wedi ei gloi yn ei erbyn, er syndod iddo. Roedd y gweision wedi cloi'r drws rhag ofn bod y llofrudd o gwmpas o hyd. Daeth un o'r gweision i agor y drws iddo, ac i ddweud wrtho am farwolaeth ei wraig. Cafodd John Davies ysgytwad enbyd.

Ymddangosodd David Davies eto o flaen yr ynadon ar ddydd Iau, Tachwedd 11. Galwyd nifer o dystion. Dywedodd John Davies, y gwas, ei fod wedi gweld David Davies ar ôl priodas ei frawd ac Esther. Nid oedd yn ymwybodol fod unrhyw ddrwgdeimlad rhwng y ddau. Gwelodd David Davies yn aredig ym Mlaenduad cyn y briodas, ond ni welodd mohono unwaith wedi hynny. Gwyddai nad oedd David Davies wedi mynd i briodas ei frawd.

Holwyd Anne Davies, y chwaer a ofalai am Frwdia ar y cyd â'r ddau frawd. Bu Esther yn gweini fel morwyn yn Frwdia am ryw bum mlynedd, yna, yn ddisymwth un diwrnod, heb gynnig unrhyw fath o esboniad, cododd ei phac ac aeth yn ôl at ei thad i fyw. Aeth Anne Davies ar ei hôl a gofynnodd iddi ddychwelyd i Frwdia, ac fe wnaeth hynny. Ddeuddydd cyn iddi lwyddo i ddenu Esther yn ôl, bu David yn ceisio dwyn perswâd arni i ddychwelyd i Frwdia. Ni wyddai fod John ac Esther yn gariadon. Prynodd David aradr yn anrheg briodas i John ac Esther, ond fe'i danfonwyd i Frwdia, nid i Flaenduad, mewn camgymeriad. Dywedodd Anne Davies fod David wedi gadael Frwdia rhwng hanner awr wedi saith ac wyth o'r gloch ar noson y llofruddiaeth i fynd i Fercoed-uchaf i ganlyn Sarah Edwards, merch y fferm. Dychwelodd rhwng tri a phedwar o'r gloch yn oriau mân y bore.

Galwyd ar John Davies i roi tystiolaeth. Wrth ddychwelyd o Wastad, gwelodd ddyn yn cerdded ar droed yn ymyl tafarn y Lamb, rhyw dair milltir o bellter o Flaenduad. Roedd yn rhy dywyll iddo'i adnabod, ond ni chariai arf yn ei law; ac yn ôl adroddiad yn un o'r papurau:

My brother David (the prisoner) was unwilling that I should marry the deceased, because he said he thought I ought to get some one richer, but had nothing against the girl. I should not have thought of her had my brother wanted her. My brother told me that if I married Esther Davies, I would only be getting his leavings. When I first saw my wife shot, I did not say, "I am afraid my brother David has done this". I exclaimed, "Dear me, who shot my wife," and went out and cried. He said he had spoken to his brother since the wedding, at Llanfihangel fair ... "My brother behaved to me as a brother should at Llanfihangel fair, and at Newcastle Emlyn fair also. He asked me at Newcastle Emlyn fair why I did not come down for the plough, which was there for me."

Gohiriwyd yr ymchwiliad eto am wythnos i roi cyfle i'r heddlu wneud rhagor o ymholiadau. Parhawyd yr ymchwiliad ar ddydd Iau, Tachwedd 18. Galwyd sawl tyst newydd ymlaen i roi tystiolaeth, a holwyd rhagor ar dystion a oedd eisoes wedi cyflwyno tystiolaeth.

Tystiodd mam Esther fod ei mab-yng-nghyfraith wedi cyrraedd Gwastad tua saith o'r gloch y nos. Arhosodd yno tan naw o'r gloch cyn ei chychwyn hi am Flaenduad. Erbyn hynny roedd Esther wedi marw. Dangosodd Cwnstabl Lewis Morgan o Gastellnewydd Emlyn y gwn yr oedd gwraig Ebenezer Thomas, y gwneuthurwr casgenni, wedi ei roi iddo. Rhoddwyd y gwn i arbenigwr i'w archwilio. Archwiliodd y gwn ddeuddydd ar ôl y llofruddiaeth. Roedd wedi cael ei danio ddiwrnod neu ddau cyn y llofruddiaeth, meddai. Roedd Ebenezer Thomas wedi honni mai rhyw dair wythnos cyn y llofruddiaeth y taniwyd y gwn ddiwethaf. Roedd felly yn dweud celwydd, os oedd tystiolaeth yr arbenigwr yn gywir. Gofynnodd y Fainc i'r erlynydd a oedd o'r farn y dylid ailalw Ebenezer Thomas, yng ngoleuni'r dystiolaeth newydd hon, ac atebodd na ddylid ei alw fel tyst, rhag ofn y byddai'n rhaid ei gyhuddo o fod â rhan yn y llofruddiaeth. Roedd yn rhaid archwilio'i dystiolaeth eto.

'Doedd yr ymchwiliad ddim yn cyrraedd unman. Methwyd yn lân â chael tystiolaeth gadarn yn erbyn David Davies. Awgrymwyd

ymchwiliad arall eto, ond gwrthwynebwyd hynny gan Archddiacon Caerfyrddin, David Archard Williams, amddiffynnydd David Davies. Mynnai fod David Davies yn cael ei ryddhau, gan nad oedd digon o dystiolaeth yn ei erbyn i'w draddodi i sefyll ei brawf am lofruddio Esther Davies. Roedd yr ynadon yn dechrau teimlo'n rhwystredig. Teimlent fod y gymuned leol yn codi gwahanfur rhwng yr heddlu a'r diffynnydd, wal o dawelwch. 'The police had great difficulty in getting information, and the country people seemed to be in a state of terror, and too frightened to give any information,' meddai *The Welshman*. Roedd y dystiolaeth a'r wybodaeth a gafwyd yn aml yn anghyson, yn gymysglyd, a'r tystion yn gwrth-ddweud ei gilydd, fel nad oedd modd cael unrhyw fath o ddarlun cywir, cyflawn. Gohiriwyd yr ymchwiliad tan y dydd Mawrth canlynol.

Hwn fyddai'r pedwerydd tro i David Davies ymddangos ger bron yr ynadon.

Cafwyd rhagor o dystiolaeth eto ar y diwrnod hwnnw. Morwyn ym Mercoed-uchaf oedd Sarah Evans. Ar noson y llofruddiaeth, tua chwarter i ddeg o'r gloch, roedd hi ar ei ffordd i'r gwely pan glywodd sŵn graean yn taro yn erbyn un o ffenestri'r llofft. Agorodd y ffenestr a gwelodd David Davies yn sefyll y tu allan. Dywedodd wrthi ei fod wedi bod yn gorwedd yn yr ysgubor am amser maith. Aeth i lawr y grisiau i agor y drws iddo, ac aeth Sarah Edwards, merch ei meistres, ato.

Galwyd Ebenezer Thomas, y cowper, drachefn. Roedd y ffaith fod gwn David Davies yn ei feddiant ef, ac wedi bod yn ei feddiant ers wythnosau, wedi peri cryn dipyn o ddryswch. Gofynnwyd i Eben Thomas egluro pa bryd yr oedd David Davies wedi rhoi ei wn iddo, a pham. Yn ôl *The Welshman*:

The gun produced was taken from my house, while I was gone to Blaenduad, on Sunday, after the woman was killed. The gun had been in my possession from the 18th of Sept. till the police took it away. The prisoner gave it me, to clean ... I cleaned it. It was not loaded when I had it. It was never out of my possession from the day I had it till the day the police took it away – neither for the prisoner nor any one else. I discharged it myself, but I am not sure which barrel fired off. The last time it was fired was about three weeks ago, all but a day or two, at some flowers on the common. I mean three weeks before the girl was shot. I am not sure that the gun was out more than once, but that was the last time. The prisoner had never given me a gun to clean before. He only gave it me this time to clean; he gave me no reason. I kept it so long because he did not come to fetch it. He might have had it if he liked, as I had cleaned it ... I cannot tell whether the prisoner can clean a gun himself. I live a mile and a quarter from Frwdia, over the common, and about two miles from Blaenduad. I had the gun before Esther Davies was married.

I have never been out shooting with the prisoner. I was at home on the night of the murder. I heard of the murder on the following morning, when I was going to work ... I have been a gamekeeper to Col Lewes, Llysnewydd, and left 12 or fifteen years ago. I have cleaned tens of guns in my time, and I daresay this will not be the last. I don't know when I cleaned this exactly, as I had work to do on the road. I cleaned it before I fired it myself. The reason one barrel was rusty and the other was not, was because one had been discharged and the other had not. A barrel will rust directly unless it is used.

A daeth yr ymchwiliad i ben. Nid oedd digon o dystiolaeth yn erbyn David Davies i'w roi ar brawf, a chafodd ei ryddhau.

Cynigiodd y Swyddfa Gartref £100 o wobr i unrhyw un a allai roi gwybodaeth a allai gynorthwyo'r heddlu i ddod o hyd i'r llofrudd. Ni hawliwyd y wobr gan neb. Roedd yr heddlu yn ogystal â'r cyhoedd yn gyffredinol yn credu bod ardalwyr y Rhos a Llanpumsaint wedi cau eu rhengoedd a chodi mur o fudandod o gylch yr holl ddigwyddiad. 'Mae digon o dystiolaeth yn yr ardal, ond y mae llw o ffyddlondeb i'r euog wedi ei dyngu, ac nid oes argoel y torir ef ar hyn o bryd,' meddai *Y Dydd*.

Pwy, felly, a lofruddiodd Esther Davies? Gyda chanrif a hanner rhyngom a'r digwyddiad, erys y dirgelwch. David Davies a ddaeth dan amheuaeth ar y pryd, a David Davies yw'r llofrudd mwyaf tebygol o hyd. Pwy arall? Ganddo ef yr oedd y cymhelliad mwyaf, y rheswm pennaf, dros ladd Esther. Pwy arall a fyddai'n chwennych ei lladd? Nid oedd sôn fod ganddi gariad arall neu gariadon eraill, ac eithrio'r ddau frawd.

Mae un peth yn sicr. Roedd hon yn llofruddiaeth fwriadol, wedi ei chynllunio'n fanwl ac yn ofalus. Roedd y llofrudd wedi cerdded at ffermdy Blaenduad yn nhraed ei sanau, rhag i neb ei glywed a rhag iddo adael olion ei esgidiau yn y llaid a'r baw. Aeth mor agos at y ffenestr ag y gallai. Pwy bynnag a laddodd Esther, roedd yn ei hadnabod yn dda iawn. Gwyddai pa bryd y byddai yn yr ystafell fwyta yn hulio'r bwrdd ac yn hwylio swper i bawb. Dywedodd Anne

Jenkins, morwyn Esther, mai ei meistres yn unig a arferai baratoi swper, hi a neb arall. 'My mistress usually prepared supper alone' oedd union eiriau'r forwyn o flaen yr ynadon. Gwyddai'r llofrudd hynny. Roedd hefyd yn adnabod Esther o ran ei ffurf. Roedd llen denau dros ffenestr yr ystafell fwyta pan anelwyd y gwn at Esther, ac roedd hithau wrthi'n paratoi swper yng ngolau cannwyll. Gwan oedd y golau, ac i ddieithryn, gallai'r amlinell yn yr ystafell fwyta fod yn unrhyw un. Gwyddai'r llofrudd yn iawn pwy oedd yn yr ystafell fach.

Mewn cwest neu lys barn, mae'n anodd cael unrhyw fath o gysondeb o ran amseriadau a symudiadau. Mae tystion yn camgofio, yn lled-gofio, yn anghofio, a hyd yn oed yn dweud celwyddau. Trafodwyd llawer ar symudiadau David Davies ar noson y llofruddiaeth. A oedd yn bosib iddo gyflawni'r llofruddiaeth ym Mlaenduad oddeutu hanner awr wedi wyth o'r gloch a chyrraedd Bercoed-uchaf erbyn naw? A allai gerdded tair milltir mewn hanner awr, trwy wynt a glaw a thywyllwch? Tywyllwch neu beidio, roedd yn adnabod yr ardal fel cefn ei law, a gallai'n hawdd ruthro a rhedeg drwy'r mannau a'r rhannau llai anodd. Ond Sarah Edwards a ddywedodd iddo gyrraedd Bercoed-uchaf erbyn naw. Nid dyna dystiolaeth Sarah Evans, morwyn Bercoed-uchaf. Ychydig cyn deg o'r gloch y taflodd raean at ystafell y llofft, ac ar ôl ei adael i mewn, aeth Sarah Evans i'w gwely. Clywodd y cloc yn taro deg. Mae'n bur debyg mai dyna pryd yr âi i'r gwely bob noson. Ond yr hyn a ddywedodd David Davies wrthi sy'n bwysig. 'He said to me when at the window,' meddai, 'that he had been lying a long time in the hay loft'. Hynny yw, roedd yn ceisio plannu ym mhen y forwyn ei fod wedi cyrraedd Bercoed-uchaf ers peth amser, fel na allai neb ei amau o fod wedi cyflawni'r llofruddiaeth ym Mlaenduad tua hanner awr wedi wyth o'r gloch y noson honno. Mwy na thebyg mai newydd gyrraedd yr oedd David Davies. Pam y byddai'n oedi yn yr ysgubor cyn mynd at y tŷ? Ac ai camgofio yr oedd Sarah Edwards pan honnai fod David Davies wedi cyrraedd Bercoed-uchaf oddeutu naw o'r gloch, neu a oedd yn dweud celwydd? A oedd yn fodlon cuddio llofrudd rhag yr heddlu?

Ac wedyn, dyna fater y gwn. Rhoddodd David Davies ei wn i Ebenezer Thomas i'w lanhau ar Fedi 18, union wythnos cyn y briodas, ac ni ofynnodd amdano yn ôl wedi i'r llofruddiaeth ddigwydd. Roedd hyn yn symudiad cwbl fwriadol ar ei ran. Roedd ei wn ym meddiant rhywun arall, ac nid oedd modd yn y byd y gallai fod wedi llofruddio Esther Davies. Ond fe ddaeth yr heddlu o hyd i wn wrth chwilio a chwalu o gwmpas Blaenduad. Roedd y gwn wedi'i guddio dan bentwr o fawn, tua dwy filltir o bellter o gyrraedd Blaenduad. Ai hwn oedd y gwn a ddefnyddiodd David Davies i ladd Esther? Methodd yr heddlu gysylltu David Davies â'r gwn.

Diffoddwyd bywyd ifanc ar y noson greulon a garw honno o Dachwedd ym 1869. Ni chafodd Esther Davies gyfle i eni a magu plant. Roedd y ddau frawd am ei phriodi a bu'n rhaid iddi ddewis un, gan selio ei thynged ar yr un pryd. Wrth arwyddo tystysgrif ei phriodas, llofnododd dystysgrif ei marwolaeth ar yr un pryd.

6

Y CORFF YN YR ARDD

LLOFRUDDIAETH JOHN THOMAS
Cydweli, 1881

Ar brynhawn dydd Mercher, yr ail o Chwefror, 1881, aeth bachgen un ar ddeg oed o'r enw John Thomas, mab i grydd o Gydweli, â phâr o esgidiau newydd ar ran ei dad i fferm o'r enw Muddlescombe yn Muddlescombe Place, tua milltir o bellter o'r dref. Trosglwyddodd John Thomas yr esgidiau i'r cwsmer, a derbyniodd y tâl amdanyn nhw, ond ni dderbyniodd ei dad, Evan Thomas, yr un geiniog goch y delyn am ei lafur. Trwy anfon ei fachgen ar neges iddo, anfonodd y tad ef i'w farwolaeth ar yr un pryd.

Enw cwsmer Evan Thomas oedd Margaret Anthony, merch ddibriod a amaethai fferm Muddlecombe gyda'i thad gweddw. Pris yr esgidiau oedd naw swllt, ond 'doedd ganddi ddim newid, felly rhoddodd ddarn hanner sofren, decswllt o ran gwerth, i'r bachgen. Dywedodd y câi ddod â'r newid iddi rywbryd eto. Rhoddodd hefyd bwt o ginio iddo, er bod y bachgen eisoes wedi cael cinio gyda'i rieni cyn gadael y tŷ. Gadawodd John Thomas gartref Margaret Anthony tua chwarter wedi dau o'r gloch y prynhawn.

Ni ddychwelodd John Thomas i'w gartref, a buan y dechreuodd ei rieni bryderu amdano. Aethant at yr heddlu, a dechreuwyd chwilio am y bachgen coll. Chwiliwyd am dystion ymhobman yn y cyffiniau, a daeth gwraig o'r enw Ann Hughes ymlaen â gwybodaeth allweddol. Y prynhawn dydd Mercher hwnnw, gwelodd John Thomas yn mynd i mewn i dŷ cymdogion iddi gyda dau o blant y cymdogion hynny, David, deg oed, a Benjamin, deuddeg oed. Nid oedd rhieni'r ddau fachgen, Jane Mazey, gwniadwraig 34 oed, a David Mazey, gof wrth ei alwedigaeth, gartref ar y pryd. Trigai'r teulu yn Ffordd Stockwell, hanner y ffordd rhwng Muddlescombe a Chydweli. Roedd tŷ Ann Hughes yn union gyferbyn â thŷ'r teulu hwn. Gwelodd John Thomas yn cerdded ar hyd y ffordd i gyfeiriad Cydweli. Roedd David a Benjamin yn sefyll y tu allan i'w tŷ ar y pryd, a galwodd David ar John Thomas i ddod i chwarae gyda nhw, gan ddweud nad oedd ei fam i mewn yn y tŷ. Clywodd Ann Hughes hynny yn glir. Ac aeth y bechgyn i mewn i'r tŷ. Roedd hyn rhwng tri a phedwar o'r gloch yn y prynhawn.

Dieithriaid i'r ardal, i bob pwrpas, oedd David a Jane Mazey a'u pedwar plentyn, tri bachgen ac un ferch. Symudasant o Bontarddulais i gyffiniau Cydweli ryw ddeunaw mis ynghynt. Yn ôl *Y Gwladgarwr*, 'Dywedir fod Mrs. Mazey yn ddynes fawr gref, ac un o dymer ffyrnig, yn wraig i ddyn a weithia yn *forge* Cydweli'. Ac wrth ei waith yr oedd David Mazey, y tad, ar y prynhawn y diflannodd John Thomas.

Gan ddilyn tystiolaeth Ann Hughes, aeth rhieni John, Evan a Letitia Thomas, i gael gair â Jane Mazey ar nos Fercher. Gwadodd Jane yr honiad fod John Thomas wedi bod yn ei thŷ. Ni welodd mohono o gwbl ar y dydd Mercher hwnnw. Pan ofynnodd Letitia Thomas am gael gair â'i meibion, dywedodd Jane Mazey ei bod wedi anfon y ddau frawd i'r gwely, gan fod un ohonyn nhw, David, yn dost. Dywedodd y gallent fynd adref yn dawel eu meddwl, ond ni allent wneud hynny. Amheuai'r ddau fod rhywbeth difrifol wedi digwydd i'w mab.

Daeth dydd Iau, ac ni chlywyd na siw na miw, ac ni welwyd na lliw na llun o'r bachgen. Hyd at hynny, ni thybiai'r heddlu fod dim byd drwg wedi digwydd i John, ond yn awr, ac yntau wedi bod ar goll ers y diwrnod blaenorol, dechreuwyd amau bod rhyw ddrwg yn y caws wedi'r cyfan. Gan weithredu ar dystiolaeth Ann Hughes, ar brynhawn dydd Iau aeth rhingyll gyda'r heddlu, gŵr o'r enw John Jones, ac Evan Thomas i holi Jane Mazey am hynt a helynt y bachgen. Y tro hwn, fe ddywedodd ei bod wedi ei weld ddydd Mercher yn cerdded ar y ffordd i gyfeiriad Trimsaran. Chwiliwyd y tŷ gan yr heddlu, gan dybied y byddai'r bachgen wedi cael ei guddio yno yn rhywle, ond 'doedd dim golwg ohono yn unman.

Y noson honno, nos Iau, aeth Jane Mazey i gartref Evan a Letitia Thomas. Dywedodd fod ganddi newyddion am eu mab. Er iddi honni na welodd John Thomas o gwbl ar ddydd Mercher, dywedai yn awr iddo fod yn ei thŷ ar ddydd Mercher, yn chwarae â'i bechgyn hi. Roedd ganddo hanner sofren mewn darn o bapur llwyd, meddai. Aeth allan i newid yr hanner sofren, daeth yn ôl i'r tŷ, a rhoddodd hanner coron (dau swllt a chwe cheiniog) i Benjamin. Wedyn aeth adref. Dywedodd hefyd fod John wedi bod yn yr ardd. 'Doedd dim angen iddi boeni am yr hanner coron. Byddai yn ei dalu yn ôl iddi ar ddydd Sadwrn. Dywedodd Letitia Thomas mai'r lleiaf o'i phroblemau oedd yr arian.

Gwawriodd dydd Gwener. Roedd y bachgen ar goll o hyd. Yna, daeth llafurwr o Gydweli o'r enw David Thomas o hyd i gelain y bachgen, wrth iddo ef ac aelodau eraill o'r gymuned barhau i chwilio am y corff. Roedd y corff yn gorwedd mewn ffos yng ngardd Jane a David Mazey. Galwyd ar yr heddlu. Cawsant fraw enbyd pan welsant gyflwr y corff. Roedd y benglog wedi ei darnio o glust i glust, a dim ond croen y pen a ddalai ddwy ran y benglog ddrylliedig wrth ei gilydd. Roedd y benglog yn wag, heb yr un darn o'r ymennydd ynddi. Torrwyd rhan isaf yr ên mewn pedwar man, a dim ond darn o gnawd a ddaliai'r ên ddrylliedig ynghyd. Yn wir, roedd y pen mewn cyflwr dychrynllyd, a thybiwyd mai offeryn pŵl a thrwm a ddefnyddiwyd i falu'r pen a'r wyneb yn y fath fodd. Nid oedd gwaed yn unman o gwmpas y gelain. Archwiliwyd yr ardd yn fanwl ar ddydd Iau, ac nid oedd y corff yno. Golygai hynny fod y corff wedi cael ei symud i'r ardd ar y dydd Gwener y cafodd ei ddarganfod. Gwnaed ymdrech anghelfydd gan rywun neu rywrai i guddio'r corff trwy ei orchuddio â thywyrch, chwyn a phridd. Y tu ôl i dŷ Jane a David Mazey roedd adeilad allanol bychan a llawer iawn o wellt ynddo. Tybid mai yno y cuddiwyd y corff hyd nes y cafodd ei symud i'r ardd. Pam, felly, na fuasai'r heddlu wedi archwilio'r adeilad hwn? Daeth yr heddlu hefyd o hyd i ddarn o benglog ddynol yn y lle tân ar aelwyd Jane a David Mazey.

Holwyd y teulu drachefn. Roedd darganfod corff John Thomas yn ddarganfyddiad damniol i'r teulu. Dywedodd David Mazey fod John wedi bod yn chwarae sigl-raff gydag ef a'i frawd mewn hen adfail cyfagos. Syrthiodd wrth chwarae, glaniodd ar ei ben, a bu farw yn y fan a'r lle. Wedi i John Thomas farw, cymerodd y brodyr y decswllt, sef yr hanner sofren, oddi arno. Fore dydd Iau, tua naw o'r gloch, aeth Benjamin i siop leol i newid yr hanner sofren, fel y gallai ef a'i frawd rannu'r arian rhyngddynt. Fodd bynnag, gan amau bod rhyw ddrygioni ar droed (a chan gofio bod hanner sofren ym 1881 yn gyfwerth â £33 a rhagor heddiw), gwrthododd y siopwr, William Jones, newid y darn arian. Aeth Benjamin wedyn i siop gyfagos arall i ofyn i'r siopwraig, Margaret White, newid yr hanner sofren, ac fe wnaeth.

Ar ôl i'r corff gael ei ddarganfod, cyhuddwyd y ddau fachgen o ladd John Thomas, ac fe'u cymerwyd i garchar Caerfyrddin. Arestiwyd y fam wedi hynny ar sail yr hyn yr oedd ei meibion wedi ei ddweud wrth yr heddlu. Ar ôl iddyn nhw gael eu cymryd i'r ddalfa y dywedodd y ddau wrth yr heddlu ymhle'n union y cuddiwyd yr arian.

Cynhaliwyd cwest ar farwolaeth John Thomas yn Neuadd y Dref, Caerfyrddin, ar ddydd Sadwrn, Chwefror 5. Ni wysiwyd y tri chyhuddedig i roi tystiolaeth. Nodwyd yn y cwest nad oedd gwaed yn unman, ar y corff nac yn ymyl y corff, pan ddarganfuwyd John Thomas. Golygai hynny ei fod wedi cael ei ladd yn rhywle arall, nid yn yr ardd. Yn wir, 'doedd dim un diferyn o waed ar ôl yn y corff. Nodwyd mai cyn pump o'r gloch ar brynhawn dydd Mercher, Chwefror 2, y lladdwyd John Thomas, ar ôl i'r meddygon archwilio cynnwys ei stumog. Tynnwyd sylw hefyd at y ffaith fod Jane Mazey, a oedd yn y ddalfa ar y pryd, tua saith mis yn feichiog.

Galwyd ar y tad i roi tystiolaeth. Dywedodd na wyddai ddim oll am y llofruddiaeth, oherwydd ei fod yn y gwaith pan ddigwyddodd yr anfadwaith. Galwyd ar ei ferch fach wythmlwydd oed, ond dechreuodd wylofain, a bu'n rhaid i'r tad eistedd yn ei hymyl. Pan ofynnwyd iddi a welsai John Thomas yn ei thŷ, ei hateb oedd 'Naddo'. Holwyd eraill yn ystod y cwest: Evan Thomas, tad John Thomas, Margaret Anthony ac Ann Hughes, a chlywyd adroddiad y meddygon. Ar ôl i'r rheithgor wrando ar nifer o dystion, daethant yn ôl â'r rheithfarn o 'Lofruddiaeth fwriadol gan berson neu bersonau anhysbys'.

Ar ddydd Llun, Chwefror 7, dygwyd Jane Mazey a'i dau fab o flaen mainc yr ynadon yng Nghydweli, ar y cyhuddiad o lofruddio John Thomas ar Chwefror 2, 1881. Gofynnodd Jane Mazey i Evan Thomas a oedd yn credu mai hi a gyflawnodd y weithred. Atebodd yntau: 'Yr wyf yn credu iddi gael ei chyflawni rhyngoch'.

Parhawyd yr ymchwiliad ynadol ar ddydd Gwener, Chwefror 11. Ailgyflwynwyd sawl tystiolaeth, a holwyd eraill am y tro cyntaf. Cafwyd tystiolaeth fanylach gan rai, y Rhingyll John Jones, er

Neuadd y Dref, Caerfyrddin

Carchar Caerfyrddin

enghraifft. Yn ôl adroddiad ar weithgareddau'r llys ynadon yn *Y Gwladgarwr*:

Wedi cael tystiolaeth cymydogion ereill, dywedai Sergeant John Jones iddo fyned, ar brydnawn dydd Iau, y 3ydd cyfisol, gyda thad y trancedig, i dŷ Mazey, lle y gwelodd Mrs. Mazey a'i mab hynaf, William John Mazey. Dywedodd wrthi ei fod am gael gweled y carcharorion o barthed i'r trancedig, a gofynodd hi iddo am fyned i fyny y grisiau. Aeth i fyny, a chafodd y bechgyn yn y gwely. Dywedodd y carcharor Dafydd i'r trancedig fod yno y prydnawn blaenorol. Yr oedd yn yr ardd yn cyd-chwareu â hwy gyda'r swing, a dangosodd iddynt haner sofren, yr hon oedd ganddo mewn papyr llwyd. Yna, aeth trwy yr ardd i Stockwell-road, ac adref. Yr oedd y carcharor Benjamin yn crio yn enbyd tra yr oedd Dafydd yn dweyd hyn wrth y tyst. Yna, gofynodd iddynt am yr arian oeddynt wedi [ei] wario yn y dref, a gwadent eill dau nad oedd ganddynt arian. Yna, dywedodd Dafydd iddo fenthyca swllt yn enw ei fam ar Mrs. Simms. Gwrthddywedid David gan Benjamin, yr hwn a ddywedai mai haner coron oedd wedi [ei] fenthyca. Yna, gadawyd y tŷ gan Mrs. Mazey, yr hon a ddywedai ei bod yn myned i holi Mrs. Simms, ac edrych a oeddynt yn dweyd y gwir. Yna, chwiliodd y tŷ am y trancedig, gan feddwl ei fod yn ymguddio yno, ond ni chafodd ef yno nac yn yr ardd. Yna, gadawodd y tŷ, ac yn Lady-street cyfarfyddodd â Mrs. Mazey, yr hon a ddywedodd wrtho nad oedd y bechgyn wedi cael arian gyda Mrs. Simms, a'i bod hi yn myned adref i beri iddynt ddweyd yn mha le y cawsant yr arian, ac y cawsai wybod y noson hono. Ymhen tua 40 mynyd ar ôl hyny, galwodd yn ei dŷ, gan ddweyd fod y llanciau wedi addef iddynt gael yr haner coron oddi-wrth y trancedig, a'i bod hi yn myned i dŷ Mrs. Thomas i ddweyd hyny wrthi.

Cynrychiolid y tri diffynnydd gan W. Howell o Lanelli. Gofynnodd i'r ynadon ryddhau Jane Mazey, gan nad oedd yr un rhithyn o dystiolaeth yn ei herbyn. Gwrthodwyd y cais, fodd bynnag, a thraddodwyd y tri i sefyll eu prawf ym Mrawdlys Morgannwg. Plediodd y tri yn ddieuog i'r cyhuddiad.

Rhoddwyd y tri ar brawf ym Mrawdlys Morgannwg, a gynhaliwyd yn neuadd y Guildhall yn Abertawe ar Fai 11, 1881, ger bron Ustus Cave. Erlynid gan J. Bowen ac Abel Thomas; amddiffynnid y tri gan W. Bowen Rowlands. Roedd y cyffro mawr a achoswyd yng nghyffiniau Cydweli gan y llofruddiaeth wedi lledaenu hyd at Abertawe. Am rai dyddiau cyn y prawf, gwerthid darluniau o'r fam a'i dau fab yn rhai o siopau print Abertawe. Yn ôl y *South Wales Daily News*: 'The excitement which reigned in Kidwelly and the immediate neighbourhood at the time of the supposed murder seemed to have again been raised. It even ran so high in Swansea that for some days previous to the trial photographs of the accused mother and two sons together with facsimiles of letters written by them, were exhibited for sale in the Swansea print shops'. Ar ddiwrnod agoriadol y prawf, roedd torf enfawr wedi ymgasglu o gylch y neuadd. Roedd y llys yn orlawn o fewn ychydig funudau.

Pan ddygwyd y tri charcharor i'r doc, yn ôl *Y Genedl Gymreig*, 'nid oedd dim yn eu hymddangosiad i arwyddo tuedd greulawn'. Ar ôl bod yn y carchar am dri mis, edrychai'r tri yn welw ac yn denau. Caniatawyd i'r fam feichiog eistedd. Dywedodd Ustus Cave mai hwn oedd y prawf rhyfeddaf iddo erioed glywed sôn amdano. Wedi darllen y cyhuddiad yn eu herbyn ger bron y llys, plediodd y tri yn ddieuog, unwaith eto.

Gofynnodd Bowen Rowlands i Ustus Cave a oedd rhoi'r fam ar brawf gyda'i dau fachgen yn deg ac yn gyfreithiol ddilys. Onid achos hollol wahanol oedd ei hachos hi? Dywedodd y barnwr fod yr achos yn erbyn y tri i aros.

Agorwyd yr achos gan J. Bowen, ar ran yr erlyniaeth. Prin, meddai, fod angen iddo atgoffa'r rheithwyr fod yr achos hwn yn un anarferol o ddirdynnol. Roedd dau fachgen ifanc ar brawf am lofruddio bachgen ifanc arall, a dyna pam roedd y prawf yn un mor anghyffredin. Ni chyhuddwyd y fam o fod â rhan yn y weithred.

Ei throsedd hi oedd ceisio celu'r weithred a'r dystiolaeth rhag yr heddlu, er mwyn achub croen ei phlant, ac atal rhawd cyfiawnder.

Roedd yr achos yn un rhyfeddol o ddyrys o safbwynt y gyfraith oherwydd oedrannau'r ddau fachgen. Yn ôl yr hen egwyddor gyfreithiol, *Doli Incapax*, bernid na allai plant hyd at wyth oed gyflawni trosedd. Ni wyddent beth oedd trosedd na beth oedd troseddu. Roedd yn rhaid i blentyn fod o leiaf yn bedair ar ddeg oed cyn y gellid ei ddal yn gyfrifol am y drosedd yr honnid ei fod wedi ei chyflawni. Y tir llwyd annelwig rhwng wyth oed a phedair ar ddeg oed oedd y broblem, a byddai'n rhaid i'r rheithwyr weithredu yn ôl eu crebwyll a'u cydwybod. Ni allai'r gyfraith eu helpu. Yn ôl y gyfraith, roedd yn bosib i blant rhwng saith oed a phedair ar ddeg oed gael eu barnu'n euog os gallai'r erlyniaeth brofi eu bod yn ddigon aeddfed i amgyffred drygioni. Roedd yn rhaid i'r erlyniaeth argyhoeddi'r llys o hynny. Tra oedd rheol bendant ar gyfer plant o dan saith oed, roedd yna ragdybiaeth gyfreithiol nad oedd plant rhwng saith oed a phedair ar ddeg oed yn meddu ar yr aeddfedrwydd i fedru ffurfio'r meddylfryd troseddol, oni allai'r erlyniaeth brofi i'r gwrthwyneb. Rhagdybiaeth y gellid ei gwrthbrofi ydoedd. Cyfeiriodd J. Bowen at achos tebyg i'r achos yn erbyn David a Benjamin Mazey, heb enwi neb a oedd yn rhan o'r achos hwnnw. Cyhuddwyd bachgen deg oed unwaith o gyflawni llofruddiaeth ac o guddio'r corff, a nododd y barnwr fod y ffaith iddo guddio'r corff yn brawf o'i euogrwydd. Gwyddai ei fod wedi cyflawni trosedd, a dyna pam y ceisiodd gladdu'r dystiolaeth. Ac os oedd yn ymwybodol ei fod wedi cyflawni trosedd, roedd hefyd yn ddigon aeddfed i dderbyn y gosb a oedd yn gweddu i'r drosedd.

Roedd syrfeiwr wedi darparu cynllun o'r adfail lle y lladdwyd John Thomas yn ddamweiniol, yn ôl honiad y ddau frawd, a phwysai'r amddiffynnydd yn drwm ar y posibiliad hwn. Damweiniol, meddai, oedd marwolaeth John Thomas.

Galwyd ar nifer o dystion i ddwyn tystiolaeth. Cadwodd Ann Hughes at ei stori. Gwelodd John Thomas yn mynd i mewn i dŷ Jane Mazey, gyda'r ddau frawd. Dywedodd ei morwyn, Lilly Walters, fod Jane Mazey wedi dweud wrthi na fu John Thomas yn agos at ei chartref. Galwyd ar Mary Morgan, cymdoges i Jane Mazey. Fe'i croesholwyd gan Abel Thomas. Daeth Jane Mazey i'w thŷ ar fore dydd Iau, Chwefror 3, meddai, i ofyn a gâi fenthyca twba ganddi. Yn ystod y dydd clywodd fod John Thomas ar goll, ac aeth i dŷ Jane Mazey i ofyn iddi a wyddai am ddiflaniad y bachgen, ac a oedd wedi ei weld. Atebodd nad oedd wedi ei weld. Gwelodd David yn golchi carreg yr aelwyd yn lân.

Cadarnhaodd Margaret White, y siopwraig yng Nghydweli, iddi newid hanner sofren i Benjamin Mazey.

Tystiodd Rhingyll Jones fod Benjamin Mazey wedi dweud wrtho ymhle y cuddiwyd yr arian. Roedd y ddau frawd wedi gwario peth o'r arian; cuddiwyd y gweddill o gyfran Benjamin o'r decswllt dan bostyn giât o flaen tŷ David a Jane Mazey, a chuddiwyd cyfran ei frawd o'r arian dan bostyn arall. Daeth y rhingyll o hyd i'r arian ar y dydd Mawrth, ar ôl y dydd Gwener pryd y darganfuwyd y corff, mewn lleoedd cudd yn ymyl cartref y ddau fachgen. Ar yr un dydd, wrth ddal i chwilio am dystiolaeth, gwelodd fod olion gwaed ar esgidiau Benjamin, a daeth o hyd i ddarnau o ymennydd ar y lôn gul rhwng gardd Jane Mazey a gardd y drws nesaf iddi. Daeth hefyd o hyd i gaib â gwallt dynol arni yng nghefn y tŷ. Dywedodd plismon arall, Cwnstabl William Thomas, fod David wedi dweud wrtho, ar y ffordd i garchar Caerfyrddin, mai syrthio oddi ar siglraff a achosodd farwolaeth John Thomas, ond fersiwn arall o'r stori a ddywedwyd wrth geidwad y ddalfa yng Nghydweli. Dywedodd mai cwympo oddi ar hen do a achosodd dranc y bachgen. Yn ôl adroddiad *Y Gwladgarwr* ar yr achos, gan ddyfynnu tystiolaeth Cwnstabl William Thomas, sef yr union dystiolaeth â'r un a glywyd ganddo yn llys yr ynadon ar Chwefror 11:

Cwnstabl Thomas a ddywedai, pan gludai y tri [ch]archaror i garchar Caerfyrddin, i'r ddynes ddweyd, "Yr wyf yn hollol ddiniwed o'r mater hwn. Nis gwn ddim o gwbl am dano. Yr wyf yn gobeithio y gwna y bechgyn ddweyd y gwir am dano." Gan droi at y bechgyn, dywedai, "Dywedwch y gwir wrth Mr. Jones." Yna, dywedodd David, "Gwelais John Thomas.

Aeth gyda mi lawr i'r ardd i chwareu â'r sigl-raff. Aeth Thomas a Benjamin i ben y wal. Syrthiodd Thomas ar ei ben. Ymaflais yn ei law, ond bu farw yn uniongyrchol." Dywedodd Benjamin, "Torodd darn o bren dan John Thomas, a bu agos i mi fyned i lawr fy hun." Dywedodd David, "Cymerais i afael yn ei ddwylaw a Benjamin yn ei draed, a chariasom ef i ben uchaf yr ardd. Gosodasom ychydig glotas arno." Ychwanegodd Dafydd, "Daeth rhywbeth gwyn allan o'i ben, a theflais ef drosodd i ardd Mrs. Power." Dywedai y tyst, wedi iddo chwilio y fan a nodwyd, iddo gael darn o'r ymenydd. Dywedai P.C. James i David ddweyd yn ei bresenoldeb, "Ar ôl i ni ei gario i fyny yr ardd, cymerais haner *sovereign* allan o'i logell." Dywedodd ei fam, "Paham na ddywedasit y fath beth o'r blaen?" i'r hyn yr atebodd Dafydd, "Yr oedd arnaf ofn y curech fi."

Tyst arall oedd cymdoges i Jane Mazey a'i theulu, gwraig o'r enw Mary Simms. Ar ddydd Iau, Chwefror 3, ddiwrnod ar ôl diflaniad John Thomas, gofynnodd Jane Mazey iddi a oedd wedi rhoi arian i'w bechgyn, ac atebodd nad oedd wedi gwneud hynny. Roedd hyn, yn ôl Bowen Rowlands, yn awgrymu na wyddai Jane Mazey ddim oll am farwolaeth John Thomas ar y pryd.

Roedd y dystiolaeth fforensig yn allweddol, yn ogystal â'r dystiolaeth feddygol. Darganfu William Morgan, y dadansoddwr, yr *analyst* (gwyddonydd fforensig heddiw), olion gwaed ar ddillad y bechgyn, ond nid ar ddillad y fam. Dywedodd David Jones, y swyddog meddygol, mai rhyw deirawr ar ôl iddo fwyta'i ail ginio y bu farw John Thomas. Nid oedd yr esboniad mai cwympo oddi ar raff a achosodd y niweidiau erchyll i ben ac wyneb John Thomas yn dal dŵr o gwbwl. Ni allai cwymp o bedair troedfedd achosi'r fath archollion. Credai mai ar ôl i John Thomas farw y gwnaed peth o'r darnio ar yr wyneb. Ar y llaw arall, meddai, prin y gallai bachgen deg neu ddeuddeg oed fod yn gyfrifol am y fath anafiadau.

Roedd yr achos wedi hawlio'r diwrnod cyfan, ac erbyn i'r holl dystion gyflwyno'u tystiolaeth ger bron y llys, roedd yn bump o'r gloch. Gofynnodd y barnwr i'r rheithwyr a ddylid gohirio'r prawf tan y diwrnod canlynol, neu fwrw ymlaen at y diwedd ar y noson honno. Penderfynodd y rheithwyr y dylid bwrw ymlaen ar y noson honno, hyd nes y dôi'r achos i derfyn.

Wrth grynhoi dadleuon yr erlyniaeth, dywedodd J. Bowen mai pur anaml y gellid dod o hyd i dystiolaeth uniongyrchol yn erbyn y sawl a gyhuddid o gyflawni llofruddiaeth, ond yn yr achos hwn, roedd tystiolaeth gryfach nag a geid yn y rhan fwyaf o achosion o'r fath. Tynnodd sylw at y gwahanol fersiynau o'r digwyddiad a gafwyd gan y bechgyn, a'r fersiynau hynny yn gwbwl groes i'r gwir ffeithiau ynglŷn â'r achos. Dywedodd hefyd fod tystiolaeth y fam yn anghyson ac yn gymysglyd. Gofynnodd i aelodau'r rheithgor beidio ag osgoi eu dyletswyddau wrth ffurfio rheithfarn. Gwyddai'r erlynydd y byddai'r rheithwyr yn gyndyn i farnu dau fachgen ifanc yn euog o drosedd mor erchyll. Ni fynnai neb o ddifri feddwl na chyfaddef y gallai trosedd mor giaidd a chreulon ddigwydd yng Nghymru.

Wrth annerch y rheithgor, dywedodd Bowen Rowlands fod hwn yn achos ingol, nid yn unig oherwydd oedran y plentyn a laddwyd, ond hefyd oherwydd oedrannau'r ddau a gyhuddwyd o'i ladd. Unwaith eto pwysleisiodd fod y fam wedi gwneud pob ymdrech i geisio gwybod sut y cafodd ei bechgyn afael ar y fath swm o arian. Mynnodd mai'r cwymp a gafodd y bachgen a'i lladdodd, a hynny'n unig. Siaradodd am awr gyfan, nes bod aelodau'r rheithgor yn gwingo gan anniddigrwydd.

Roedd yr holl helynt wedi effeithio'n drwm ar y fam, ac roedd mewn cyflwr o gynnwrf a nerfusrwydd parhaol drwy gydol yr achos, ond difater hollol oedd y ddau fachgen. Ni chymerent ddim diddordeb yn yr achos.

Wrth grynhoi'r achos yn erbyn y tri, dywedodd Ustus Cave fod angen dau beth mewn achos o'r fath, sef tystiolaeth ddigonol ynghylch y weithred ei hun yn ogystal â phrawf fod y diffynnydd neu'r diffynyddion yn sylweddoli eu bod wedi cyflawni trosedd. Fel Bowen Rowlands, pwysleisiodd na ddylid barnu'r tri diffynnydd yn euog oni bai eu bod yn berffaith argyhoeddedig fod y tri yn euog o'r weithred. Os oedd unrhyw amheuaeth, unrhyw ansicrwydd, ynghylch euogrwydd y tri, yna, byddai'n rhaid i'r rheithgor farnu'r tri yn ddieuog. I farnu'r tri yn euog, byddai'n rhaid i'r rheithgor fod yn sicr o'u heuogrwydd, y tu hwnt i unrhyw amheuaeth resymol. Os bernid bod y ddau fachgen yn euog o gyflawni'r weithred, ni olygai hynny fod y fam hefyd yn euog. Gofynnodd y barnwr i'r rheithwyr gymryd amser hir i ystyried rhan y fam yn y weithred.

Aeth y rheithwyr allan o'r llys i ystyried yr achos. Er i'r barnwr awgrymu y dylid rhoi amser maith i drafod rhan y fam yn y llofruddiaeth, daethant yn ôl mewn pum munud gyda'r rheithfarn syfrdanol ac anhygoel fod y tri yn gwbwl ddieuog. Aeth un ochenaid ddofn o anghrediniaeth drwy'r llys. Gollyngwyd y tri yn rhydd.

Ni chafodd y teulu faddeuant. Dyma'u hanes ar ôl yr achos, yn ôl *Y Gwladgarwr*:

> Y mae Jane Mazey a'i dau fab, y rhai a gyhuddwyd ac a brofwyd yn ddieuog o fod wedi lladd y bachgenyn John Thomas yn[g] Nghydweli, wedi cael eu herlid yn ddidrugaredd yn ddiweddar. Llosgwyd ei thŷ cyn iddi adael Cydweli, ac yr oedd trigolion yr ardal wedi ei "Boycottio" yn hollol. O ganlyniad, cymerodd noddfa yn Llanelli, lle mae ei gŵr yn gweithio. Gwnaeth ei goreu i sicrhau tŷ yn[g] ngwahanol ranau y dref, ond gorchfygid ei hymdrechion gan weithrediad tenantiaid y cyfryw leoedd. Dydd Mawrth, wythnos i'r diweddaf, cafodd lety ger y Doc Newydd, ond buan y gyrwyd hi oddiyno gan ei digllonwyr, ac y mae hi a'i phump plentyn, mewn canlyniad, wedi gorfod cymeryd diddosrwydd yn y tloty.

Bu'n rhaid i'r teulu adael Cydweli, yn enwedig gan i'r bobol leol roi eu tŷ ar dân i gael gwared â nhw. Aethant ar ffo i Lanelli. Yn ôl y *South Wales Daily News* ddiwedd mis Mai:

> The latest news in connection with Mrs Mazey comes from Llanelly. Our reporter writes that there was quite a scene in the town of Llanelly on Saturday evening. Mrs Mazey, with

her boy, Benjamin, came to live at Llanelly on the day named, and was making her necessary purchases in the shops on Saturday evening, which is market day at Llanelly. Some hundreds followed her from shop to shop, and she had to take refuge in a house in Stepney-street, but got away under protection through the back premises to her lodgings, while the crowd waited in vain outside. On Monday there was quite a scene in Ann-street, Wern, Llanelly, with the women, on account of Mrs Mazey having taken lodgings in that street. She visited the place in the morning, but the person who let her the lodgings would not agree to let her remain. The women, as soon as they found that she had been there, made out that she was still there, and a thorough search had to be allowed before they were satisfied. This even did not satisfy some of them. Mrs Mazey succeeded in getting lodgings, but in what place we think it better for her sake not to mention.

Achos rhyfeddol oedd hwn, a'r peth mwyaf rhyfeddol ynglŷn ag ef oedd y ddedfryd. Roedd y ddau fachgen yn gwbl euog o'r drosedd. Roedd y dystiolaeth yn eu herbyn yn ddiymwad. Maluriwyd pen ac wyneb y bachgen. Nid cwympo oddi ar raff a achosodd y fath ddarnio ar gnawd ac asgwrn. Gwnaed rhai o'r archollion hynny ar ôl y farwolaeth, yn ôl tystiolaeth y meddygon, a gwnaed rhai cyn i John Thomas farw. Cafwyd hyd i wallt dynol ar gaib yng nghefn y tŷ; cafwyd hyd i waed ar ddillad ac esgidiau'r ddau. Ai malu'r wyneb er mwyn peri bod pryd a gwedd y bachgen y tu hwnt i unrhyw adnabyddiaeth a wnaed, fel na wyddai neb mai corff John Thomas oedd y corff? Os na wyddai'r heddlu pwy oedd y corff, ni allent gysylltu David a Benjamin Masey â'r weithred o lofruddio John Thomas, hynny yw, yn ôl rhesymeg anaeddfed y ddau fachgen.

Gwyddai'r bechgyn eu bod wedi cyflawni trosedd. Ceisiwyd cuddio'r corff, yn frysiog ac yn aneffeithiol. Y gwir yw na wyddent beth i'w wneud â'r corff. A beth am gymhellion? Roedd yn amlwg fod yr hanner sofren a oedd ym meddiant John Thomas yn ormod o demtasiwn i'r ddau. Ac wedyn, yr holl dystiolaeth yn eu herbyn.

Daliwyd David yn golchi carreg yr aelwyd. Roedd Ann Hughes wedi gweld John Thomas yn mynd i mewn i dŷ Jane a David Mazey, ond ni welodd mohono yn dod allan ohono. Onid yn y tŷ, felly, y llofruddiwyd John Thomas? Ac ai taro ei ben yn erbyn carreg yr aelwyd a achosodd ei farwolaeth? Ai dyna pam roedd David Mazey yn golchi'r garreg, i gael gwared â'r staeniau gwaed? Fel y dywedodd y meddygon, roedd rhai archollion a niweidiau wedi cael eu hachosi cyn i John Thomas farw, a rhai ar ôl iddo farw. Rhaid awgrymu, felly, fod y ddau fachgen wedi ei lusgo allan o'r tŷ a'i guddio yn rhywle, fel yr adeilad allanol, nes y gallent blannu'r corff yn rhywle arall. Ac ar ôl ei lusgo allan o'r tŷ, malurio'i benglog a'i wyneb ymhellach, fel na fyddai neb yn meddwl mai celain John Thomas oedd y gelain. Y ddau frawd, yn sicr, a lofruddiodd John Thomas. Ac ar ben popeth, yr holl gelwyddau a raffai'r ddau, a'r holl dyllau ac anghysondebau a geid yn eu stori.

Efallai mai tystiolaeth un o'r meddygon a fu'n archwilio corff John Thomas, David Arthur Jones, llawfeddyg o Lanelli, a ddylanwadodd fwyaf ar y rheithgor:

> David Arthur Jones, surgeon, Llanelly, said: I saw the body of the dead boy ... I don't think the injuries could be inflicted by a fall. They were, in my judgment, caused by violence. The lower jaw was so fractured that I consider it impossible for the deceased to speak after that injury. I should say death had taken place three or four days before I examined the body. I saw the food in the stomach. From the appearance of that, and having regard to the laws of digestion, I think death took place within two or three hours after the last food was taken. Two teeth were also smashed in. I detected no blood about the body externally. Nearly all the blood was gone from the body, and it would have been seen if it had not been washed away ... I believe it is impossible that these boys could have employed force sufficient to inflict the injuries. I have had experience of injuries to the head – blows, and other injuries. I cannot conceive of a fall that would inflict the injuries shown.

Ond rhaid gofyn y cwestiwn: pam na allai bachgen deg neu ddeuddeg oed godi caib a bwrw rhywun ar ei ben neu ar ei wyneb gyda hi. Ac os nad y bechgyn a fu'n gyfrifol am y llofruddiaeth, pwy arall a laddodd John Thomas? Roedd Jane Mazey yn fenyw gref, fel y tystiai'r papurau, ac roedd y tad yn sicr yn ŵr cydnerth, felly, ai un o'r rhain a oedd wedi anffurfio'r wyneb a malurio'r benglog, gan obeithio na allai neb adnabod y bachgen – hynny yw, a derbyn nad oedd y bechgyn yn ddigon cryf i wneud hynny eu hunain? Roedd yr heddlu eisoes wedi chwilio am gorff John Thomas yn yr ardd – gardd eang iawn, rhaid nodi – ar ddydd Iau, ac wedi methu dod o hyd i ddim. A guddiwyd y corff yn yr ardd ar ddydd Gwener yn y dybiaeth na fyddai'r heddlu yn chwilio yno am yr ail waith? Os felly, roedd y dybiaeth yn hollol gywir. Aelod o'r gymuned leol, nid un o'r plismyn, a ddaeth o hyd i'r corff.

A dyna'r rheithgor wedyn. Sarhad ar y llys ac ar deulu John Thomas oedd cymryd pum munud yn unig i ffurfio rheithfarn. Masnachwyr a ffermwyr oedd aelodau'r rheithgor, ac roedden nhw yn awyddus i fynd yn ôl at eu busnesau a'u ffermydd, heb wastraffu un eiliad yn rhagor. Roedd y rheithwyr hyn eisoes wedi gofyn i Ustus Cave ddod â'r achos i ben ar y dydd cyntaf hwnnw, a hynny a wnaed, yn hwyr gyda'r nos. Cael y tri yn ddieuog oedd y ffordd rwyddaf allan ohoni, gan ddilyn cyngor y barnwr, y byddai'n rhaid iddyn nhw fod yn berffaith sicr yn eu meddyliau fod y tri yn llwyr euog o'r drosedd, y tu hwnt i unrhyw amheuaeth resymol. Efallai, hefyd, i aelodau'r rheithgor olchi eu dwylo'n lân o'r holl fater er mwyn osgoi gyrru gwraig feichiog i gael ei chrogi. Pe bai'r rheithwyr wedi ei chael yn euog o lofruddiaeth, mwy na thebyg mai'r crocbren fyddai tynged Jane Mazey.

Mae un darn o dystiolaeth eto ar ôl, ac efallai mai honno yw'r dystiolaeth fwyaf damniol, er mai tystiolaeth ynglŷn â digwyddiad arall yw hi. Ni chyflwynwyd y dystiolaeth hon yn yr achos yn erbyn y tri, gan nad oedd yn berthnasol i'r achos ei hun, ac ni fyddai'r un barnwr wedi caniatáu i'r amddiffyniaeth ei defnyddio.

Ar ddydd Mercher, Awst 4, 1880, aeth tri bachgen i ymdrochi. Boddodd un o'r bechgyn, mab y postmon lleol, Ralph Fisher.

Drygdybiwyd y ddau fachgen arall yn syth, ond nid oedd tystion na thystiolaeth i droi'r amheuaeth yn gyhuddiad. Enwau'r ddau oedd David a Benjamin Mazey.

Yn ôl *Y Genedl Gymreig* (a'r *Gwladgarwr*):

> Y[m] mis Awst diweddaf darfu i fachgenyn o'r enw Fisher, yr hwn oedd yn byw gerllaw y Mazeys, foddi dan amgylchiadau drwgdybus. Yr oedd Fisher a'r ddau fachgenyn gyda'u gilydd, a darfu i un o'r Mazeys fyned â'i ddillad adref i'w rieni, gan ddyweyd wrthynt ei fod wedi boddi. Yr unig dystion oeddynt y ddau Mazey, a pharodd eu tystiolaeth y pryd hwnw i ddrwgdybiaeth gyfodi.

Ai'r ddau hyn oedd plant-lofruddion cyntaf gwledydd Prydain? Sigwyd a siglwyd y byd i'w seiliau pan lofruddiwyd y bachgen bach dwy oed, James Bulger, gan ddau fachgen deg oed, Robert Thompson a Jon Venables, ym mis Chwefror, 1993, sef yr union fis ag y lladdwyd John Thomas, ganrif a rhagor ynghynt. Deg oed oedd Benjamin Mazey hefyd, yr un oedran â dau lofrudd James Bulger. Roedd y modd y lladdwyd John Thomas yr un mor farbaraidd o greulon ag y lladdwyd James Bulger, ond un plentyn yn unig a laddwyd gan Robert Thompson a Jon Venables.

A beth a ddigwyddodd wedyn i David a Jane Mazey a'u plant? A pha bryd ac ymhle y rhoddodd Jane Mazey enedigaeth i'r plentyn yr oedd yn ei ddisgwyl adeg y prawf? Nododd *Y Gwladgarwr* fod Jane Mazey 'a'i phump plentyn' wedi gorfod ffoi i wyrcws Llanelli, sef y 'Llanelly Union Workhouse', am loches – carchar arall i bob pwrpas. Ai plentyn newydd-anedig David a Jane Mazey oedd un o'r pum plentyn? Nid oes sôn amdani'n rhoi genedigaeth i blentyn yn yr un o'r papurau. Ac i ble'r aeth y teulu i fyw? Er gwaethaf popeth, ni fynnai'r teulu adael eu cartref yng Nghydweli, ac ar ôl i'r gymuned leol fethu cael cymorth gan y gyfraith i'w hel o'u cartref, llosgwyd y tŷ i'r llawr. Ceisiodd y teulu gael tŷ yn Llanelli, ond caent eu herlid yn ddidrugaredd gan drigolion y dref, a bu'n rhaid iddyn nhw encilio i'r wyrcws.

Ac yna, un mlynedd ar ddeg ar ôl llofruddiaeth John Thomas, fe gawn beth goleuni ar hynt a hanes y teulu hwn. Ymddangosodd y pwt newyddion canlynol yn y *Carmarthen Journal*, Chwefror 19, 1892, dan y pennawd 'A Kidwelly Case Revived':

> On Saturday last, at the Swansea police court, Mrs Mazey and her son, Benjamin, who reside at Loughor, were summoned by Mrs Elizabeth Owen, of the same place, for sureties of the peace. The defendants having used dire threats against her. The defence was that Mrs Owen had called the Mazeys 'murderers,' in connection with a charge of child murder preferred against them at Kidwelly some years ago. The Bench bound the Mazeys over in £10 each.

Felly, yng Nghasllwchwr roedd Jane Mazey a'i mab Benjamin yn byw ym 1892. Nid oes sôn am y tad, nac am y plant eraill. A oedd Jane a David Mazey wedi ymwahanu? Beth bynnag am hynny, roedd Jane a Benjamin Mazey o hyd yn llofruddion yng ngolwg y cyhoedd, hyd yn oed os nad oedden nhw'n euog o lofruddiaeth yng ngolwg y gyfraith.

7

Y CORFF YN Y FEDDYGFA

LLOFRUDDIAETH EMILY COPE
Caerfyrddin, 1884

Aeth ei rhieni â hi cyn belled â Bryste. Yno, roedd i ddal y trên i Gaerdydd, lle byddai ei darpar-ŵr yn cyfarfod â hi, a byddai'r ddau wedyn yn teithio ar y trên i Gaerfyrddin. Ni wyddai George Cope a'i briod ddim oll am y dyn yr oedd eu merch Emily, ddwy ar hugain oed, ar ei ffordd i'w briodi. Pwy bynnag oedd o, o leiaf roedd yn ddigon parod i dderbyn ei gyfrifoldeb a phriodi Emily, yn hytrach na'i gadael ar y clwt. Roedd Emily chwe mis a rhagor yn feichiog, ac roedd yn amlwg i bawb ei bod yn disgwyl plentyn. Roedd yn fwy nag amlwg i'w rhieni parchus, ond ni fyddai'n rhaid iddyn nhw oddef gwg cymdogion yng Nghaerfaddon am un eiliad yn rhagor. Ymhen ychydig ddyddiau byddai eu merch yn wraig briod barchus. Daeth trên Emily i mewn. Ffarweliodd â'i thad a'i mam ar yr orsaf a chamodd i mewn i'r trên gan gario dau flwch ac un *portmanteau*. Pesychodd a bustachodd y trên ei ffordd allan o'r orsaf, a diflannodd yn raddol. A'r diwrnod hwnnw, diwrnod olaf mis Mehefin, 1884, oedd y tro olaf i George Cope a'i briod weld eu merch yn fyw.

Gwerthwr llaeth llwyddiannus a llewyrchus oedd George Cope. Roedd wedi bwriadu cyd-deithio â'i ferch yr holl ffordd i Gaerdydd, ond bu'n rhaid iddo ddychwelyd o Fryste i Gaerfaddon oherwydd gofynion ei fusnes, a gadael tynged Emily yn nwylo ei ddarpar fab-yng-nghyfraith. Roedd darpar-ŵr Emily yn gyfreithiwr uchel ei barch yng Nghaerfyrddin. Gwyddai rhieni Emily gymaint â hynny, yn ôl yr hyn a ddywedodd eu merch wrthyn nhw. Yng Nghaerfyrddin y bwriadai'r ddau briodi, trwy drwydded arbennig. Dywedodd Emily wrth ei thad y byddai popeth yn iawn, ac iddo beidio â phoeni yn ei chylch. Roedd bwriadau ei darpar ŵr yn rhai cwbl anrhydeddus.

Rhyw ddeuddydd ar ôl i'w thad ei danfon i Fryste, anfonodd Emily lythyr at ei rhieni. Dywedodd ei bod yn hapus iawn, ac y byddai'n priodi drannoeth. Dilynodd llythyr arall i ddweud ei bod wedi priodi, ac yn fuan wrth gwt hwnnw, cyrhaeddodd llythyr, eto yn llawysgrifen Emily, i ddweud ei bod yn ddifrifol o wael. Ac yna daeth llythyr ac ynddo newyddion drwg oddi wrth 'ŵr' Emily. Roedd Emily wedi marw yn annisgwyl.

Agorwyd y cwest ar farwolaeth Emily Cope yn Neuadd y Dref yng Nghaerfyrddin ar Orffennaf 15, 1884. Dywedodd John Hughes, Crwner bwrdeistref Caerfyrddin, fod merch ifanc wedi marw dan amgylchiadau anghyffredin iawn yn nhŷ Dr John Morgan Hopkins, 11 Stryd y Cei, Caerfyrddin. Cyrhaeddodd y tŷ hwnnw ar ddydd Llun, Mehefin 30, a dywedodd ei bod wedi dod o Gaerfaddon. Ni wyddai neb pwy oedd y ferch ifanc hon na pham y daethai i dŷ'r meddyg, yn ôl tystiolaeth y rhai a oedd yn preswylio yn y tŷ. Gan iddi farw mewn amgylchiadau amheus, gofynnodd John Hughes i ddau feddyg, W. Lewis Hughes a James Rowlands, archwilio'r corff. Daeth y ddau i'r casgliad fod rhywun wedi erthylu ei phlentyn, a hynny yn weddol ddiweddar. Bu farw Emily o wenwyn yn y gwaed, ar ôl yr erthyliad, ar nos Sadwrn, Gorffennaf 12. Aeth ton o gryndod drwy'r neuadd orlawn. Roedd y plentyn a erthylwyd rhwng chwech a naw mis oed, ond roedd ei gorff wedi diflannu.

Y tyst cyntaf a alwyd oedd Mary Jane Hopkins, merch Dr John Morgan Hopkins. Dywedodd ei bod yn byw gyda'i thad a'i bod yn cadw tŷ iddo. Cadarnhaodd mai corff merch o'r enw Emily Cope oedd y corff a welwyd gan y rheithgor. Dywedodd Emily Cope wrthi ei bod yn ddwy ar hugain oed a'i bod yn byw yng Nghaerfaddon. Dywedodd hefyd ei bod yn briod, ond ni ddywedodd beth oedd enw ei gŵr na beth oedd ei waith. Cyrhaeddodd Emily gartref y meddyg oddeutu hanner awr wedi deg o'r gloch ar nos Lun, Mehefin 30. Aeth Mary Jane Hopkins i ateb y drws. Gofynnodd Emily a oedd Dr Hopkins gartref, ac atebodd hithau fod ei thad wedi mynd i Gastell-nedd, ac y byddai yn ôl drannoeth. Gofynnodd Emily a wyddai am lety da lle y gallai aros am y nos, ond gan ei bod hi'n hwyr, dywedodd Mary Jane wrthi y câi rannu ei gwely hi. Ac felly y bu. Ni ddywedodd Emily Cope pam y daeth yr holl ffordd o Gaerfaddon i Gaerfyrddin i weld Dr Hopkins, yn ôl merch y meddyg.

Gofynnodd y Crwner i Mary Jane Hopkins beth oedd cyflwr Emily Cope pryd y cyrhaeddodd dŷ'r meddyg, ac atebodd fod Emily wedi llewygu yn y gegin ar y noson gyntaf honno. Roedd hi'n amlwg yn wael yn ôl merch y meddyg. Ac yna dywedodd beth rhyfedd. 'I do not know whether she was *enceinte* [beichiog] when she came to our house'. Roedd Emily yn weladwy feichiog pan gyrhaeddodd Gaerfyrddin, a byddai merch i feddyg yn fwy tebygol o sylwi ar hynny na neb. Fore trannoeth, roedd twymyn ar Emily, a pharablai lawer o ffwlbri. Roedd merch ifanc bymtheg oed o'r enw Emily Morgan, nith i'r meddyg, hefyd yn byw yn y tŷ, a thyngodd fod popeth a ddywedodd Mary Jane Hopkins yn wir.

Galwyd ar John Morgan Hopkins i roi tystiolaeth, a chafwyd plethwaith o gelwyddau ganddo o'r eiliad gyntaf. Gwyddai'r Crwner yn rhy dda ei fod yn rhaffu celwyddau. Pan ddychwelodd o Gastell-nedd roedd Emily yno yn ei aros. Ni ofynnodd pwy oedd na holi dim amdani. Archwiliodd hi, ond ni welai fod dim byd yn bod arni ac eithrio lludded llwyr ar ôl teithio i Gaerfyrddin. Yr ail dro iddo'i gweld, roedd wedi gwaelu'n rhyfeddol, ac ni allai wneud dim iddi. Tybiai ei bod yn dioddef o lid ar yr ysgyfaint. Gwelodd hi fore trannoeth ac roedd twymyn arni. Treuliodd y meddyg beth amser yn Abertawe wedi hynny. Honnodd na welodd mohoni am yr wyth niwrnod olaf o'i bywyd, ac eithrio'r dydd y bu farw.

Holwyd y meddyg yn dwll. Roedd yn amlwg fod y Crwner yn amau pob gair a lefarai. Yn ôl un adroddiad papur newydd:

The Coroner: Then a perfect stranger came to you, you saw she was dying, and you took no means of communicating with her friends?

Witness: No.

The Coroner: You reported to Police-Sergeant Hughes when I sent him that she died from inflammation of the lungs, and that you were prepared to give a certificate to that effect?

Witness: Yes, and I said I did not think an inquest was necessary.

The Coroner: You are now able to tell me who the woman is – how did you know who she is?

Witness: I wrote to a gentleman at Bristol, who knew her family, and he wrote to me.

The Coroner: But why did you write to him more than to anyone else?

Witness: Oh! He wrote to me.
The Coroner: When?
Witness: A couple of days ago.
The Coroner: Before her death?
Witness: No, after.

Mynnodd y Crwner fod y meddyg yn dangos y llythyr iddo. Dywedodd Hopkins fod y llythyr yn y tŷ. Gofynnodd y Crwner iddo fynd i'r tŷ i chwilio am y llythyr. Dychwelodd y meddyg i'r neuadd heb y llythyr. Ni lwyddodd i ddod o hyd iddo, meddai. Gofynnodd y Crwner iddo ddweud beth a ddywedai'r llythyr, a pharhaodd i'w groesholi:

Witness: He wrote, "How is Miss Cope getting on? I believe she is with you."
The Coroner: When did you get that letter?
Witness: Two or three days before she died.
The Coroner: Who is the gentleman?
Witness: He is a distant relation of mine.
The Coroner: Where does he reside?
Witness: I don't know.
The Coroner: He is a relation of yours, and you don't know where he resides?
Witness: It is more than I know.
The Coroner: What is he?
Witness: He is a commercial man, I think.
The Coroner: What is his address?
Witness: Post-office, Bristol.
The Coroner: Is that where you had to write to?
Witness: Yes.
The Coroner: Did he send Emily Cope to you?
Witness: No.
The Coroner: Is he a married man?
Witness: No.

Dywedodd y Crwner y byddai'n gorchymyn i'r perthynas annelwig hwn fod yn bresennol yn y cwest.

Galwyd ar dyst arall, menyw sengl o'r enw Mary Evans, gwraig y byddai cryn alw amdani yn nhref Caerfyrddin i ymgeleddu cyrff y meirw. Anfonodd Mary Jane Hopkins air ati ar frys yn gofyn iddi ddod i dŷ'r meddyg ar nos Sadwrn, Gorffennaf 12, gan fod merch ifanc yno yn ddifrifol o wael. Aeth i dŷ'r meddyg ar unwaith, ac roedd Emily yn fyw o hyd, ond ar fin marw. Bu farw am bum munud i un ar ddeg o'r gloch y nos, ac roedd Mary Evans a Jane Hopkins yn bresennol pan fu farw. Gwyddai Jane Hopkins fod Emily yn marw, a galwodd ar Mary Evans i ddod i ymgeleddu'r corff, *cyn* iddi farw, mewn ymdrech i barchuso'r corff rhag i neb godi amheuon ynghylch gwir achos a gwir amgylchiadau marwolaeth Emily. Roedd yn rhaid symud yn gyflym.

Yn ystod y cwest, daeth peth o stori Emily i'r amlwg. Rhyw chwe mis cyn ei marwolaeth, pan oedd yn aros yn Llundain gyda ffrindiau, fe'i cyflwynwyd i ŵr bonheddig llewyrchus ei wisg a'i wedd. Dywedodd mai cyfreithiwr llwyddiannus oedd, a bod ganddo swyddfa mewn tref yn Ne Cymru. Dechreuodd y ddau ganlyn ei gilydd, ac aeth Emily yn feichiog. Ar ôl iddi ddychwelyd i Gaerfaddon y darganfu ei bod yn disgwyl plentyn. Dywedodd wrth ei rhieni ei bod yn gohebu'n gyson â thad ei phlentyn, a'i fod wedi addo ei phriodi. A hebryngodd George Cope ei ferch i Fryste fel y gallai deithio ymlaen i Gaerdydd, ac wedyn i Gaerfyrddin i briodi tad ei phlentyn.

Ar ôl pythefnos o ohiriad er mwyn cael cyfle i gasglu rhagor o dystiolaeth, ac i gael gafael ar fwy o dystion, parhawyd y cwest ar Orffennaf 29. Y tro hwn gwysiwyd tystion eraill i roi tystiolaeth, gan gynnwys gŵr o'r enw A. F. Bayntun, cariad Emily a thad ei phlentyn. Ond deintydd oedd Bayntun, nid cyfreithiwr, ac roedd ganddo ddeintyddfeydd yn Abertawe, Caerfyddin ac Aberteifi. Byddai hefyd yn cynnal ymgynghoriadau deintyddol mewn mannau eraill yng Nghymru – Hwlffordd a Dinbych-y-pysgod, er enghraifft. Roedd Bayntun, felly, yn ddeintydd llwyddiannus a ffyniannus yn Ne Cymru. Felly hefyd J. M. Hopkins. Yn aelod o Gyngor Tref

Caerfyrddin ac o Fwrdd Gwarchodwyr Llanelli, roedd yn un o bileri'r gymdeithas, a bu bron iddo gael ei ethol yn faer Caerfyrddin unwaith. Nid rhyfedd, felly, fod tref Caerfyrddin yn un berw gwyllt drwyddi draw yn ystod y cwest ar farwolaeth Emily Cope.

Galwyd Andrew Francis Bayntun ymlaen i roi tystiolaeth. Hysbyswyd y llys mai hwn oedd y cyfreithiwr a'r trafaeliwr masnachol y cyfeiriwyd ato yn y cwest agoriadol. Cafodd yr heddlu drafferth enbyd i ddod o hyd iddo, a daeth i'r llys gyda'i gyfreithiwr. Dywedodd y Crwner, John Hughes eto, fod llawer o amser wedi ei dreulio a llawer o arian wedi ei wario i ddod â Bayntun i'r llys.

Wrth iddo gael ei holi, dywedodd Bayntun ei fod yn byw yn Aberteifi. Roedd wedi adnabod Emily Cope ers rhyw naw mis. Arferai gwrdd â hi yng Nghaerfaddon weithiau, droeon eraill ym Mryste. Ar ddydd Mercher, Gorffennaf 9, 1884, y gwelodd hi am y tro olaf, yn rhif 11 Stryd y Cei, Caerfyrddin, yng nghwmni Mary Jane Hopkins. Roedd yn fyw ar y pryd. Roedd yn Aberteifi ar Fehefin 30, ac aeth oddi yno i orsaf Caerfyrddin, rhwng chwech a saith o'r gloch gyda'r hwyr, i gwrdd ag Emily. Ni roddodd gyfarwyddiadau iddi i fynd i unman yng Nghaerfyrddin, oherwydd bod cyfarwyddiadau ganddi eisoes. Ac roedd tystiolaeth Bayntun yn llawn tyllau:

... I decline to say whether she had them from me or not. She told me she had had directions. I decline to say whether I gave her those directions, because I presume it would incriminate me. I did not go to Dr. Hopkins's house that night, but called next day. I saw Emily Cope and she was not well. She was suffering from her journey and a bad cold. I have no doubt she was pregnant at that time and very near her confinement. I imagine that everyone could see from her appearance that she was so. I believe she went to Dr. Hopkins's house to be confined. She told me so on that occasion. I had made no arrangement with Dr. Hopkins for her to come there to be confined. I believe she made the arrangement herself. I did not suggest or encourage it. She had to leave her home to be confined, and she elected to go to Dr. Hopkins. I do not know whether she was in Carmarthen before this or not, and, as far as I can understand, the reason why she elected to go to Dr. Hopkins was that she had had a friend who had been confined, or something of the kind, before.

'I imagine that everyone could see from her appearance that she was so,' meddai Bayntun am feichiogrwydd Emily. Ac eto roedd y meddyg a'i ferch yn honni na wyddent hynny. Ac yn ôl stori Bayntun, gadawodd i Emily deithio'r holl ffordd o Gaerfaddon i Gaerfyrddin ar ei phen ei hun, heb fynd i Gaerdydd i gwrdd â hi.

Anfonodd Emily Cope, yn ôl Bayntun, sawl llythyr ato yn ystod wythnos olaf ei bywyd. Dywedodd ei bod wedi geni plentyn – bachgen bach – yn annhymig, ond bod y plentyn wedi marw. Weithiau roedd yn well ac weithiau'n waeth, yn ôl ei llythyrau. Anfonodd Hopkins frysneges at Bayntun ar fore'r dydd Sadwrn y bu farw Emily i ddweud wrtho ei bod hi'n ddifrifol o wael. Yn hwyr gyda'r nos y derbyniodd Bayntun y neges, ac ni lwyddodd i gyrraedd tŷ'r meddyg tan hanner dydd y diwrnod canlynol, dydd Sul. Erbyn hynny roedd Emily wedi marw, o lid yr ysgyfaint yn ôl y meddyg. Ni ddywedodd ddim byd am unrhyw enedigaeth, ac ni holodd Bayntun am y plentyn ychwaith – ac mae hynny'n anhygoel.

Roedd popeth a ddywedai Bayntun yn gymysglyd i'r eithaf. Dywedodd fod John Hopkins wedi anfon llythyrau ato gyda 'C. Hopkins, Post Office, Bristol' ar yr amlen. Cyfaddefodd mai ef oedd Charles Hopkins, ond nid oedd yn perthyn dim i John Hopkins, ac nid oedd yn drafaeliwr masnachol ychwaith.

Gofynnodd y Crwner i Bayntun sut y gallai Emily Cope wybod bod tŷ yng Nghaerfyrddin, 130 o filltiroedd o bellter o Gaerfaddon, lle'r oedd y pethau hyn yn cael eu gwneud – 'where these things are done' oedd union eiriau'r Crwner. Ystyr 'y pethau hyn', mae'n amlwg, oedd erthylu plant. Ni allai Bayntun ateb y cwestiwn.

Tyst arall oedd Alfred Deacon, brawd-yng-nghyfraith Emily. Daeth â dau lythyr yr oedd Bayntun wedi eu hanfon at ei wraig, chwaer Emily. Darllenodd y Crwner y llythyrau hyn. Gorffennaf 13, 1884, oedd dyddiad y llythyr cyntaf:

DWYLO COCH A MENIG GWYNION

I have sad news to impart. My darling Emmy, who was
getting on so well, took a sudden change for the worse while
I was away on business for two days, and on my return late
last night I found her slightly delirious, and suffering from
inflammation of the lungs, which carried her off. I am simply
distracted with grief, and scarcely know what I am about. She
had all the care and attention of a skilful physician and nurse.

Gofynnodd y Crwner i Bayntun pwy oedd y meddyg deheuig a
phwy oedd y nyrs. Atebodd Bayntun mai John Morgan Hopkins
oedd y meddyg, ac roedd y nyrs yn bresennol yn y cwest, meddai,
gan olygu Mary Jane Hopkins. Aeth y Crwner ymlaen i ddarllen
y llythyr. 'I am afraid the long journey and grief from her father's
upbraiding because of her condition went a long way to cause the
present dreadful state of things,' meddai Bayntun, gan geisio taflu
peth o'r bai am farwolaeth Emily ar ei thad.

Roedd yr ail lythyr wedi'i gyfeirio at chwaer Emily, a hwnnw'n
llythyr diddyddiad. Nodai'n glir nad oedd priodas wedi bod:

I could not find it in my heart to undeceive you when you read
that portion of my dear, darling's letter as to being married.
She must have written it under the influence of delirium,
or must, poor dear, have thought it would please you, and
she was looking for it and not to her dissolution. She was
much too poorly for anything of the sort, in the first place,
and in the next place we had not been living long enough in
the town. My poor pet and myself understood our position
towards each other, and no marriage could make us love each
other better.

Galwyd ar dad Emily, George Cope, i roi tystiolaeth. Gwniadwraig
oedd Emily, ac roedd yn byw gartref gyda'i rhieni. Dywedodd mai
cyfreithiwr o'r enw Frank Bayntun oedd tad y plentyn, a'i fod yn
byw yng Nghaerfyrddin, ac yng Nghaerfyrddin y bwriadai'r ddau
briodi. Prynodd George Cope docyn i Gaerfyrddin i'w ferch yng

100

ngorsaf Bryste. Dywedodd Emily y byddai Bayntun yn cwrdd â hi yng ngorsaf Caerdydd. Cawsant lythyr ganddi ddau ddiwrnod yn ddiweddarach, ar Orffennaf 2, yn dweud iddi fod yn ddiflas ei byd hyd nes iddi gwrdd â Bayntun ar ôl cyrraedd Caerdydd. Nid oedd wedi priodi eto. Roedd ei darpar ŵr wedi addo prynu prodaswisg o sidan gwyn iddi, a bwriadai'r ddau briodi ar ddydd Iau, Gorffennaf 3. Mewn llythyr arall at ei rhieni, dywedodd ei bod wedi rhoi genedigaeth i fachgen bach, ac wedyn cyrhaeddodd llythyr oddi wrth Frank Bayntun i ddweud bod Emily wedi marw.

Ailalwyd John Morgan Hopkins yng ngoleuni'r tystiolaethau hyn. Pwysleisiodd eto na wyddai pwy oedd Emily nac o ble y daeth, ac ni holodd ddim amdani ychwaith. Mynnai o hyd na wyddai ei bod yn feichiog. Tyngodd lw na roddodd enedigaeth i blentyn yn ei dŷ ac mai o ganlyniad i lid ar yr ysgyfaint y bu farw. Mynnodd o hyd ei fod wedi ysgrifennu at Charles Hopkins ym Mryste, ond gwadai bellach mai trafaeliwr masnachol oedd y Charles Hopkins hwn, a chyfaddefodd nad oedd yn perthyn iddo ychwaith. Nid oedd wedi gohebu ag unrhyw un ynglŷn ag Emily, a gwadodd iddo weld Bayntun yn ei gartref ar y diwrnod cyntaf o Orffennaf. Ceisiodd y Crwner holi'r meddyg ymhellach am ei gysylltiad â Charles Hopkins a Bayntun, ond gan mor amwys a ffwndrus oedd ei atebion, penderfynodd nad oedd unrhyw ddiben holi rhagor arno.

Gofynnodd Frank Bayntun am gael ei alw am yr ail dro. Cyfaddefodd ei fod yn ŵr priod, ac er ei fod ef a'i wraig wedi ymwahanu, ni ddywedodd wrth Emily y byddai yn ei phriodi. A haerodd a thaerodd ei fod yng nghartref John Morgan Hopkins ar y dyddiadau a nodwyd ganddo.

Dywedodd y Crwner, ar ôl pwyso a mesur pob tystiolaeth, fod nifer o bethau y dylai'r rheithgor eu hystyried. Os oedd John Morgan Hopkins wedi peri i Emily Cope roi genedigaeth annhymig i'w phlentyn, a thrwy hynny gael gwared â'r plentyn, roedd wedi cyflawni trosedd ddifrifol. Ond os oedd Emily Cope wedi marw o ganlyniad i'r ymdrech i erthylu ei phlentyn, yna, roedd John Morgan Hopkins yn euog o gyflawni llofruddiaeth, trosedd waeth o lawer nag erthylu plentyn. Ar y llaw arall, nid oedd unrhyw dystiolaeth fod Hopkins wedi cyflawni unrhyw lawdriniaeth ar Emily Cope. Pe byddai'r rheithgor yn barnu bod Bayntun yn euog o lofruddiaeth, byddai'n rhaid barnu bod Hopkins yn euog o'r un drosedd, ac fel arall. Os oedd y rheithwyr o'r farn fod y dystiolaeth yn rhy amwys neu'n rhy amheus i ddod i unrhyw fath o benderfyniad pendant ynglŷn â'r achos, gallai'r rheithgor gyflwyno unrhyw reithfarn a fynnent. Gallent ddwyn rheithfarn agored neu fe allent ddod i'r casgliad fod Emily Cope wedi marw o achosion naturiol.

Ar ôl awr a hanner daeth y rheithgor yn ôl. Roedd y rheithwyr yn unfryd unfarn fod Dr John Morgan Hopkins ac A. F. Bayntun wedi cyflawni llofruddiaeth fwriadol. Credent mai Bayntun a oedd wedi trefnu i Emily Cope ddod i Gaerfyrddin er mwyn i John Morgan Hopkins erthylu ei phlentyn, a bod Emily wedi marw o ganlyniad i'r erthyliad. Cymerwyd y ddau i'r ddalfa i aros eu prawf, 'a chymaint ydoedd y digllonedd a deimlid tuag atynt, fel y buasent wedi eu darnio gan y dyrfa tra yn cael eu cymeryd i'r carchar oni bai yr heddgeidwaid,' yn ôl *Llais y Wlad*. Roedd mwy o ddicter tuag at Bayntun na'r meddyg gan y dorf.

Cadwyd Bayntun yng ngharchar Caerfyrddin hyd nes y byddai'r achos yn ei erbyn ef a Hopkins yn dod ger bron. Rhyddhawyd Hopkins ar fechnïaeth ar ôl iddo dreulio bron i dair wythnos yn y ddalfa.

Cynhaliwyd yr achos yn erbyn y ddau ym Mrawdlys Abertawe ar ddydd Mercher, Tachwedd 5, 1884, o flaen Ustus Cave. Gorchmynnodd y barnwr fod pob menyw i adael y llys. Ar ddechrau'r achos, dywedodd Mr Dillwyn, ar ran yr erlyniaeth, nad oedd unrhyw dystiolaeth ar gael yn erbyn Bayntun, ar y cyhuddiad o lofruddiaeth nac o ddynladdiad, a gofynnodd i'r llys ollwng y cyhuddiadau yn ei erbyn, fel y gallai gael ei alw fel tyst. Cytunodd y barnwr a gollyngwyd pob cyhuddiad yn erbyn Bayntun. Roedd Frank Bayntun yn ddyn rhydd.

Trodd yr achos yn erbyn Hopkins yn unig. Arweiniwyd yr erlyniaeth gan Mr Dillwyn. Tynnodd sylw at y pwyntiau mwyaf allweddol yn yr achos. Dyma'r tro cyntaf, meddai, i'r achos ddod ger bron y llys yn gyflawn. Dywedodd fod Bayntun, deintydd a oedd yn byw yn Aberteifi, wedi ffurfio perthynas anweddus ag Emily Cope ryw un mis ar ddeg cyn ei marwolaeth, ac o ganlyniad i'r garwriaeth, beichiogwyd Emily. Gadawodd Emily Gaerfaddon ar y diwrnod olaf o Fehefin, a chyrhaeddodd Gaerfyrddin yn hwyr y nos. 'Doedd y meddyg ddim gartref ar y pryd, a threuliodd yr eneth feichiog y noson honno yn ei dŷ, gan rannu'r un gwely â'i ferch, Mary Jane Hopkins, er bod Emily yn ddieithryn pur. Yn ôl ei honiad ef ei hun, ni sylwodd ac ni sylweddolodd John Morgan Hopkins fod Emily yn feichiog. Roedd yn amlwg i bawb arall fod Emily yn feichiog, ond nid i'r un a ddylai wybod yn fwy na neb ei bod dan ei gofal. Er ei fod wedi byw dan yr unto â hi yn ysbeidiol am bron i bythefnos, o Orffennaf 1 hyd Orffennaf 12, honnai na wyddai beth oedd enw'r ferch hyd yn oed. Wedi iddo hysbysu'r heddlu fod merch ifanc wedi marw yn ei feddygfa, ac mai llid ar yr ysgyfaint oedd achos ei thranc, dywedodd nad oedd angen cwest, a gallai arwyddo'r dystysgrif farwolaeth i nodi hynny. Os oedd Hopkins wedi derbyn y ferch i'w gartref gyda'r nod o erthylu'i phlentyn, neu i gyflymu'r enedigaeth nes peri iddi golli'r plentyn, neu wedi lladd y plentyn cyn ei enedigaeth neu ar ôl hynny, yna, y cyhuddiad yn erbyn Hopkins fyddai llofruddiaeth fwriadol. Ar y llaw arall, os nad oedd tystiolaeth ddigonol i yrru Hopkins at raff y crogwr, dylid ystyried dod â chyhuddiad o ddynladdiad ar sail esgeulustod yn ei erbyn. Os nad oedd Hopkins wedi cigyddio Emily Cope, roedd yn sicr wedi ei lladd trwy esgeulustod.

Tynnodd sylw'r rheithgor at rai ffeithiau a phwyntiau eraill. Archwiliwyd corff Emily gan ddau feddyg yn annibynnol ar ei gilydd. Roedd wedi rhoi genedigaeth i blentyn, heb unrhyw amheuaeth, ond taerodd Hopkins nad oedd unrhyw enedigaeth wedi digwydd yn ei gartref ef. Anerchodd Dillwyn aelodau'r rheithgor yn uniongyrchol. Ai John Morgan Hopkins a laddodd y plentyn? A wyddai fod Emily Cope yn feichiog? Bu farw Emily yng nghartref y meddyg ar ôl bod yno am bron i bythefnos. Beth a wnaethai'r meddyg iddi yn ystod yr holl amser yna? Darllenodd wedyn rannau o'r datganiad a wnaed gan Hopkins ger bron y Crwner. Cyfaddefodd y meddyg, mwy neu lai, ei fod yn euog o ddynladdiad, ond nid o lofruddiaeth. Ai ymgais i osgoi rhaff y crogwr oedd y cyfaddefiad hwn? Roedd Hopkins yn sicr wedi dweud celwydd ynglŷn ag union achos marwolaeth Emily. Os felly, gallai rhannau eraill o'i dystiolaeth fod yn gelwydd rhonc.

Celwydd noeth oedd honiad y meddyg na wyddai fod Emily yn feichiog – meddyg, o bawb, heb sylwi bod y ferch o Fryste yn magu mân esgyrn. Bwriad yr honiad anhygoel hwn oedd twyllo aelodau'r rheithgor i ddiystyru'r posibiliad mai er mwyn erthylu ei phlentyn yr anfonwyd Emily gan Bayntun at John Morgan Hopkins yn y lle cyntaf. Gofynnwyd nifer o gwestiynau. Ymhle y cuddiwyd corff y plentyn? Pam roedd Jane Hopkins mor barod i rannu ei gwely â rhywun a oedd yn hollol ddieithr iddi, oni bai ei bod yn gwybod mai wedi dod yno i gael gwared â'i phlentyn yr oedd hi, ac y byddai ei thad yn cyflawni'r weithred o erthylu'r plentyn y diwrnod wedyn, ar ôl iddo ddychwelyd o Gastell-nedd? Trwy gael gwared â chorff y plentyn, gobeithiai Hopkins a Bayntun gael gwared â'r dystiolaeth fod y meddyg wedi erthylu plentyn Emily Cope.

Galwyd Bayntun ymlaen fel tyst. Aeth i Gaerfyrddin ar y diwrnod olaf o Fehefin, meddai, i gwrdd ag Emily, ond ar ôl dangos iddi y grisiau a arweinai i'r dref, fe'i gadawodd. Ni wyddai mai chwilio am dŷ John Morgan Hopkins yr oedd hi. Roedd yn adnabod John Morgan Hopkins o ran golwg, ond nid oedd yn ei adnabod fel arall. Ni fu unrhyw fath o gysylltiad rhyngddo a John Morgan Hopkins cyn marwolaeth Emily. Ni ddefnyddiodd yr enw Charles Hopkins erioed. Gofynnodd i Hopkins beidio â defnyddio ei enw iawn wrth ohebu ag ef, er mai un llythyr yn unig a dderbyniodd ym Mryste yn enw Charles Hopkins, a hynny ar ôl marwolaeth Emily. Cymysglyd iawn oedd tystiolaeth Bayntun.

Galwyd ar Emily Morgan, nith John Morgan Hopkins, i roi tystiolaeth. Ni sylwodd fod Emily Cope yn feichiog, meddai, ac ni ddaeth Bayntun i'r tŷ unwaith yn ystod yr holl amser y bu Emily yn aros gyda'r teulu. Galwyd ar Mary Jane Hopkins i roi tystiolaeth. Adroddodd yr hanes o'i safbwynt hi, a phwysleisiodd eto na sylweddolai fod Emily yn feichiog, er iddi gysgu yn yr un gwely â hi bob nos, ac eithrio un noson. Ni welodd hithau Bayntun yn y tŷ unwaith cyn marwolaeth Emily ychwaith.

Gofynnodd Ustus Cave i Mr Dillwyn beth yn union oedd y drosedd y bwriadai ei chyflwyno i'r rheithgor. Cyfaddefodd Dillwyn fod yr holl achos wedi peri anhawster mawr iddo. Diffyg tystiolaeth ddiriaethol ac uniongyrchol oedd y broblem. Dim ond y meddyg a wyddai'n union beth a ddigwyddodd. Ond roedd digon o dystiolaeth ar gael i gyhuddo Hopkins o ddynladdiad. Roedd y meddyg wedi gweld Emily deirgwaith yn ystod y cyfnod y bu'n byw yn ei dŷ, ac ni sylwodd unwaith ei bod yn feichiog. Dylai fod wedi archwilio Emily yn drylwyr, yn enwedig a hithau'n wael. Roedd y ffaith na wnaeth hynny yn amlygu esgeulustod anhygoel.

Dywedodd y barnwr na allai Mr Dillwyn ofyn i'r rheithgor gondemnio neb heb dystiolaeth ddigonol. Roedd y meddygon a oedd wedi archwilio corff Emily wedi dweud y gallai esgor yn naturiol ar blentyn wenwyno'r gwaed ac achosi marwolaeth. Dywedodd Mr Dillwyn iddo ofyn am ryddhau Bayntun oherwydd ei fod yn dyst anfoddhaol. Roedd yn rhaid i'r erlyniaeth brofi bod Emily Cope wedi marw oherwydd bod y meddyg wedi gwneud rhywbeth na ddylasai fod wedi ei wneud, neu wedi methu â gwneud rhywbeth yr oedd i fod i'w wneud, ac ni allai neb brofi'r naill beth na'r llall. Trodd y barnwr at y rheithgor. Dywedodd fod hwn yn achos yr oedd angen ei archwilio'n drylwyr, ond ni wnaed hynny. Ni ellid cyhuddo Hopkins o lofruddio Emily yn fwriadol oherwydd na allai'r un meddyg brofi i unrhyw ymdrech i erthylu'r plentyn ddigwydd. I'w gael yn euog o ddynladdiad, byddai'n rhaid profi bod y meddyg wedi cyflymu'r enedigaeth a gorfodi Emily i eni'r plentyn yn annhymig. Gofynnodd i'r rheithgor farnu'r diffynnydd yn ddieuog. Fe wnaed hynny ac fe ryddhawyd Hopkins, gan adael y dorf a fu'n gwrando ar yr achos yn gegrwth fud. Bu'n rhaid i Bayntun redeg am ei fywyd rhag llid y dorf ar ôl yr achos, a dianc i mewn i Westy'r Mackworth yn Abertawe i gael lloches.

Felly, a wnaed y peth cywir trwy ryddhau Hopkins, a Bayntun hefyd o ran hynny? A weinyddwyd cyfiawnder? Dywedodd yr erlynydd fod tystiolaeth Hopkins a Bayntun yn fregus ac yn amwys, wrth i'r ddau geisio achub eu croen eu hunain. Ni wnaeth yr heddlu ddigon, yn ôl Mr Dillwyn. Dywedodd Bayntun ei fod yn adnabod

Hopkins o ran golwg yn unig, a hynny ers rhyw ugain mlynedd. Ar un cyfnod roedd gan Bayntun ddeintyddfa yn 12 Stryd y Frenhines, Caerfyrddin, ac âi oddi yno i Hwlffordd a Dinbych-y-pysgod i gynnal ymgyngoriadau. Dwy heol gyfagos yw Stryd y Frenhines a Stryd y Cei yng Nghaerfyrddin, a galwedigaeth debyg oedd galwedigaeth John Morgan Hopkins a Frank Bayntun – meddyg a deintydd. Roedd y ddau, mae'n amlwg yn adnabod ei gilydd yn llawer iawn gwell nag yr honnai Bayntun. Gwyddai Bayntun, yn sicr, fod Hopkins yn erthylwr, a dyna pam y gyrrodd Emily i'w feddygfa. Gwyddai merch y meddyg hefyd am y trefniant, a rhannodd ei gwely â hi er mwyn ei chadw o olwg pawb yn nhŷ'r meddyg, hyd nes y byddai'r erthyliad wedi ei gyflawni. Nid lladd Emily oedd y bwriad, ond erthylu ei phlentyn. Camgymeriad oedd dwyn cyhuddiad o lofruddiaeth fwriadol yn erbyn John Morgan Hopkins. Roedd y cyhuddiad yn rhy gryf, a chwympodd yr achos o'r herwydd. Y cyhuddiad cywir yn ei erbyn fyddai dynladdiad. Roedd y weithred o erthylu plentyn yn drosedd ddifrifol ynddi ei hun, ac ni chyhuddwyd y meddyg o hynny hyd yn oed. Trwy gydol y cwest a'r achos llys, nyddwyd gwe o gelwyddau gan y ddau, a daliwyd y naill a'r llall yn y we gymhleth honno fwy nag unwaith.

Y dirgelwch mwyaf ynglŷn â'r holl achos yw pam yr aeth Emily Cope i gartref y meddyg ar y noson honno o fis Mehefin. Yn ôl y meddygon a fu'n archwilio corff Emily, roedd y plentyn a gariai yn ei chroth rhwng chwech a naw mis oed. Os oedd yn nes at y naw mis na'r chwe mis, yna, gallai roi genedigaeth i'r plentyn unrhyw adeg. Ai Bayntun a'i twyllodd i fynd at John Morgan Hopkins i gael ei phlentyn, gan ddweud y byddai mewn dwylo diogel, ond gyda'r bwriad o gael y meddyg i erthylu'r plentyn, yn ddiarwybod iddi? Prin y byddai Emily yn mynd i dŷ'r meddyg i gael erthyliad o'i gwirfodd. Felly, cael ei thwyllo i fynd yno a wnaeth, mynd yno i'w marwolaeth fel oen i'r lladdfa. Y cyhuddiad mwyaf yn erbyn Hopkins a Bayntun oedd y ffaith fod corff y plentyn wedi diflannu.

Ac mae'n rhaid meddwl am Emily druan. Mae'n anodd osgoi'r argraff mai merch ifanc ddiniwed oedd hon. Fe'i sugnwyd i mewn i fyd tywyll. Cafodd dau ddyn cyfrwys, dichellgar a diegwyddor afael arni. Roedd enw drwg fel merchetwr gan Bayntun ymhell cyn iddo ddechrau'r garwriaeth ag Emily. Rhedodd i ffwrdd un tro gydag un o ferched mwyaf parchus Caerfyrddin, ac roedd y dorf yn ei erbyn ar ddiwedd yr achos oherwydd yr enw drwg a oedd ganddo fel merchetwr. Bu farw'r ddau ddiffynnydd yn gymharol fuan ar ôl y prawf. Dirywiodd iechyd John Morgan Hopkins yn raddol ar ôl yr achos llys. Bu'r straen yn ormod iddo, er ei fod yn ceisio ymweld â'i gleifion o hyd. Bu farw ym mis Ionawr 1885, ychydig fisoedd yn unig ar ôl y prawf. Fe'i trawyd yn wael wrth iddo deithio i Lanelli ar y trên, a bu farw ryw hanner awr yn ddiweddarach. Roedd yn 72 oed. Dihangodd Bayntun i Ffrainc ar ôl yr achos. Sefydlodd ddeintyddfa yn Biarritz, gan ffugio acen Americanaidd a honni mai deintydd o America ydoedd, i guddio'i orffennol tywyll. Ym mis Chwefror 1890, fe'i trawyd yn wael wrth iddo dynnu dant un o'i gleifion, a bu farw yn y fan a'r lle. Bu farw Emily Cope ar ôl teithio ar y trên o Gaerfaddon i Gaerfyrddin; bu farw John Morgan Hopkins ar ôl teithio ar y trên i Lanelli. Y trên a'u tynnodd i'w tranc. Bu farw Emily ym meddygfa John Morgan Hopkins a bu farw Frank Bayntun yn ei ddeintyddfa ef ei hun. Roedd troeon ffawd yn fwy cyfiawn na chyfraith dyn.

8

Y CORFF NAD OEDD YN UNMAN

LLOFRUDDIAETH ELIZA ANN EVANS
West Bromwich, 1885

Ar ddydd Gwener y Groglith, 1885, diflannodd Cymraes ifanc o'r enw Eliza Ann Evans oddi ar wyneb y ddaear. Gadawodd dŷ ei rhieni a'i chwiorydd yn Heol Victoria, West Bromwich, heb ddweud i ble'r oedd yn mynd. Gwisgai loced arian a chadwyn o fwclis am ei gwddw ar y pryd. Teulu parchus o Gymru oedd teulu Eliza Ann. Symudodd y teulu o Faesyfed i West Bromwich, Birmingham, ac ymsefydlu yno; ac yn West Bromwich y ganed Eliza. Bythefnos ar ôl iddi ddiflannu, derbyniodd ei rhieni lythyr ganddi o Wolverhampton. Roedd Eliza Ann, felly, ar dir y rhai byw. O leiaf roedd y cysur hwnnw gan ei rhieni. Yn y llythyr, dywedodd fod arni ormod o gywilydd i ddod yn ôl adref. Roedd Eliza Ann yn disgwyl plentyn. Anfonodd lythyrau o Wolverhampton at rai o'i ffrindiau hefyd, a dywedodd ei bod yn teimlo'n anhwylus. Ond ai Eliza Ann a ysgrifennodd y llythyrau hyn? Roedd rhai'n amau bod rhywun wedi ffugio ei llawysgrifen. Ond pam?

Gwniadwraig oedd Eliza Ann ac roedd yn byw gyda'i rhieni yn Heol Victoria. Ar yr adeg y diflannodd roedd Eliza a gŵr o'r enw Robert Spencer, fferyllydd llwyddiannus a chanddo siop ar Stryd Fawr West Bromwich, yn canlyn yn selog. Âi Robert Spencer am droeon gydag Eliza ar hyd strydoedd West Bromwich, âi â hi i'r theatr weithiau, ac roedd y ddau'n ymddangos yn fodlon a dedwydd eu byd. Âi Robert Spencer i gartref Eliza bob hyn a hyn, a châi groeso yno. Derbyniai'r teulu mai Robert Spencer oedd cariad Eliza. Yn wir, ar ôl dwy flynedd o garwriaeth, yr oedd digon o argoelion ac arwyddion y byddai'r ddau'n priodi, yn enwedig gan fod Robert Spencer bellach yn 30 oed. Er bod Eliza gryn dipyn yn iau na'i chariad, byddai wedi gwneud yn dda iddi hi ei hun trwy briodi fferyllydd llwyddiannus a chefnog fel Robert Spencer.

Aeth y dyddiau'n wythnosau a'r wythnosau'n fisoedd, a 'doedd dim sôn na si am Eliza Ann Evans yn unman. Bu'r heddlu yn cynnal ymholiadau amdani trwy gydol yr wythnosau a'r misoedd hyn. Ble'r oedd Eliza Ann? Beth oedd wedi digwydd iddi? Roedd yr holl beth yn ddirgelwch, ac yn bryder enfawr. Ar ôl rhai wythnosau, gwyddai ei rhieni fod rhywbeth mawr wedi digwydd iddi. Yn naturiol, holwyd Robert Spencer gan yr heddlu. Ni wyddai ddim oll. Yn wir, aeth Robert Spencer i gartref Eliza Ann i holi am ei hynt a'i helynt fwy nag unwaith. Ar un achlysur, fe'i cyhuddwyd gan rieni Eliza o wybod yn union ymhle'r oedd eu merch, ond gwadodd Robert Spencer hynny. Aeth chwiorydd Eliza i'w fferyllfa sawl tro a'i gyhuddo o wybod ble'r oedd Eliza, ond haerai na wyddai ddim byd am ei diflaniad. Roedd ei diflaniad yn gymaint o ddirgelwch iddo ef ag i bawb arall.

Aeth yr wythnosau a'r misoedd yn flynyddoedd. Roedd diflaniad Eliza Ann Evans yn parhau'n ddirgelwch. Aeth wyth mlynedd heibio, a 'doedd dim sôn am Eliza yn unman. Roedd y teulu a'r heddlu, ar ôl wyth mlynedd, wedi hen roi'r ffidil yn y to. Go brin y byddai neb bellach yn dod o hyd i Eliza Ann. Ar y llaw arall, ni chafwyd hyd i'w chorff yn unman, ac roedd hynny yn gadael un llygedyn bach o obaith ar ôl, y gobaith ei bod yn fyw o hyd.

Yna, ym mis Mawrth 1893, derbyniodd yr heddlu wybodaeth newydd am ddiflaniad Eliza Ann, yn hollol annisgwyl. Daeth gwraig o'r enw Mrs Waldron ymlaen i ddweud ei bod wedi gweld Eliza yn marw mewn tŷ yn West Bromwich, rhif 57 Ffordd Dudley. Ar yr adeg y bu Eliza farw, roedd Mrs Waldron yn lletya yn 57 Ffordd Dudley, gyda'r tenantiaid, gwraig o'r enw Sarah Clansey a'i gŵr, crydd wrth ei alwedigaeth, a'u plant. Roedd Mrs Waldron yn y tŷ pan dderbyniodd Eliza Ann y llawdriniaeth angheuol, anghyfreithlon a'i difaodd hi a'i phlentyn. Yn wir, eisteddodd gyda hi drwy'r nos am ddwy noson, i geisio'i chysuro fymryn yn ei dioddefaint. Roedd Eliza Ann yn amlwg yn marw. Roedd rhywun arall wedi gweld Eliza yn camu i lawr o'r tram mewn lle o'r enw Carter's Green, yn ymyl cartref Sarah Clansey. Roedd Sarah Clansey a'i theulu wedi gadael 57 Ffordd Dudley ers Tachwedd 23, 1886, ar orchymyn perchennog y tŷ. O ganlyniad i'r dystiolaeth newydd, aeth yr heddlu i holi Sarah Clansey, ond gwadodd bob cyhuddiad. Ers blynyddoedd, amheuid bod Sarah Clansey yn erthylu plant. Ar ôl ei hamau gyhyd o fod yn erthylwraig, roedd yr heddlu yn falch o'r esgus a'r cyfle i gael chwilota trwy'i thŷ. Cafwyd gwarant ymchwiliad i'r perwyl hwnnw. Chwiliwyd cartref Sarah Clansey yn drylwyr, ac yno cafodd yr heddlu hyd i'r loced arian a wisgai Eliza pan adawodd dŷ ei rhieni am y tro olaf ym mis Ebrill 1885. Yn naturiol, chwiliwyd rhif 57 Ffordd Dudley, y tŷ lle bu Sarah Clansey a'i gŵr yn byw pan ddiflannodd Eliza Ann. Ar ôl palu'r ardd yno, cafwyd hyd i nifer o esgyrn. Os esgyrn dynol oedd y rhain, byddent yn cadarnhau'r hyn a gredai'r heddlu o'r cychwyn, sef mai wedi ei chladdu yn yr ardd yr oedd Eliza. Credai'r heddlu fod Robert Spencer wedi mynd ag Eliza i dŷ Sarah Clansey i gael erthyliad, a'i bod wedi marw o ganlyniad i'r llawdriniaeth. Gan na chafwyd hyd i gorff Eliza Ann yn unman, tybient fod Sarah Clansey a Robert Spencer wedi torri ei chorff yn ddarnau mân, ac wedi llosgi'r darnau cnawd yn y tân yn y gegin, a chladdu'r esgyrn yn yr ardd wedyn. Credent fod Robert Spencer wedi defnyddio cemegau i ladd arogl y cnawd yn llosgi, rhag ofn i hynny godi amheuon ymhlith cymdogion. Fferyllydd oedd Robert Spencer wedi'r cyfan, a gwyddai'n union pa fath o gemegau i'w defnyddio.

Ar ôl y llawdriniaeth i erthylu'r plentyn, dywedodd Eliza wrth Mrs Waldron ei bod yn teimlo'n ofnadwy o wael. Gwyddai ei bod ar fin marw, ac roedd yn awyddus i adael i'w mam wybod am ei chyflwr, yn y gobaith y câi fynd adref i farw, yn hytrach na marw ymhlith dieithriaid. Ysgrifennodd lythyr at ei mam yn dweud popeth wrthi, a rhoddodd swllt i ferch dair ar ddeg oed Sarah Clansey i fynd â'r llythyr at ei mam. Ar y ffordd i gartref Eliza Ann daeth ar draws ei thad. Gofynnodd iddi i ble'r oedd yn mynd, a phan gafodd ateb, rhoddodd fonclust iddi, cymerodd y swllt oddi arni a'i hanfon yn ôl i'r tŷ. Yn ei ddiod un noson dywedodd wrth gyfaill y byddai popeth ar ben arno ef a'i wraig pe bai'r llythyr wedi cyrraedd pen y daith.

Arestiwyd Sarah Clansey ar y cyhuddiad o lofruddio Eliza Ann Evans. Tynnodd hithau Robert Spencer i mewn i'r helynt. Ni fwriadai iddo gael ei draed yn rhydd tra byddai ei thraed hi mewn cyffion. Arestiwyd Robert Spencer wedyn, ac aethpwyd â'r ddau i'r ddalfa. Roedd gŵr Sarah Clansey wedi ei heglu hi am America ers 1886, rhag iddo gael ei gyhuddo o fod â rhan yng ngweithgareddau anghyfreithlon ei wraig mewn rhyw fodd neu'i gilydd, neu am gelu gwybodaeth am farwolaeth Eliza Ann rhag yr heddlu. Gyda chymaint o dystiolaeth yn ei herbyn, nid oedd dewis gan Sarah Clansey ond cyffesu mai hi oedd yn gyfrifol am farwolaeth Eliza Ann. Cyffesodd Robert Spencer yntau mai ef a aeth ag Eliza at Sarah Clansey i erthylu ei phlentyn, a'i fod wedi ei helpu i gael gwared â'r corff. Roedd Eliza Ann wedi mynd i dŷ gwraig o'r enw Mrs Sarah Clansey i gael erthyliad, a bu farw o effeithiau'r llawdriniaeth. Yn union fel yr oedd yr heddlu wedi amau, torrwyd corff Eliza Ann yn ddarnau mân yn seler y tŷ, llosgwyd y darnau cnawd a chladdwyd y gweddill ohoni yn yr ardd. Fel hyn y disgrifiwyd y darganfyddiad iasoer a wnaed gan yr heddlu yn un o'r papurau:

The garden had all been turned over but about two yards near the brewhouse, and about a foot from the surface the men came upon something white and hard.

The earth was cleared away, and it was found necessary to take up the paving of the yard leading to the garden, and here was found a hard concrete and cement, with a mixture of chloride of lime, which was strongly manifest. This covered a space of 5ft. by 4ft., and was an average of 6in. thick. It was broken up and carefully laid aside, and underneath was a white fatty substance resembling marrow, and a pink substance intermixed. A portion of this was taken to Dr. Herbert Manley's surgery for examination, and the discovery is regarded as of the greatest importance, although only the opinion of an expert will be of any value in determining whether the soft substance underneath is part of human remains. The position of the deposit, however, is exactly the one that would be selected in case anyone desired to bury anything unobserved. There is a brewhouse and outbuilding leading from the back of the house for about eight yards, which would effectually obstruct the view from the windows of the houses on the right-hand side. On the left hand there is a wall about five feet high. In the written statement of the woman Clansey, who is in custody, it is stated that the prisoner Spencer sent a quantity of chloride of lime, with

other disinfectants, for disposing of the body, and this is
believed to have been part of the materials he sent for the
purpose.

Cadarnhawyd hefyd mai esgyrn dynol oedd yr esgyrn a
ddarganfuwyd yn yr ardd: esgyrn Eliza Ann Evans.

Ar Fawrth 9, ac wedyn ar Fawrth 17, 1893, ymddangosodd Sarah
Clansey a Robert Spencer o flaen eu gwell yn Llys yr Heddlu yn
West Bromwich. Dywedodd yr Erlynydd Cyhoeddus, G. Thursfield,
na ellid bwrw ymlaen â'r achos nes y gorfodid gŵr Sarah Clansey i
ddychwelyd o'r Unol Daleithiau i roi tystiolaeth. Byddai ei dystiolaeth
yn allweddol i'r achos. Roedd Robert Spencer wedi priodi yn ystod y
blynyddoedd rhwng 1885 a 1893, ac wedi symud o West Bromwich
i Birmingham i fyw a gweithio. Roedd ei wraig yn bresennol yn y
gwrandawiadau hyn, a dywedwyd ei bod wedi ymddwyn yn weddus
ac yn ddewr. Gohiriwyd yr achos am bron i wythnos, a chadwyd y
ddau yn y ddalfa.

Yn y cyfamser bu heddlu America yn chwilio am ŵr Sarah
Clansey, ond roedd wedi marw yn Brooklyn ers mis Awst 1892.
Collwyd tyst hynod o bwysig, felly, ond rhaid oedd bwrw ymlaen
hebddo.

Daeth yr achos ger bron Brawdlys Swydd Stafford ym mis
Gorffennaf 1893. Dywedodd A. T. Lawrence ar ran yr erlyniaeth nad
oedd yn bwriadu dwyn cyhuddiad o lofruddiaeth yn erbyn y ddau
ddiffynnydd. Ar ôl ychydig o drafodaeth, plediodd Sarah Clansey yn
euog i gyflawni llawdriniaeth anghyfreithlon, a phlediodd Robert
Spencer yn euog o fod yn gyfrannog o farwolaeth Eliza Ann Evans.
Dedfrydwyd Sarah Clansey i bymtheng mlynedd o benydwasanaeth
a Robert Spencer i ddwy flynedd o garchar gyda llafur caled. Yn
ystod y prawf, datgelwyd bod gŵr Sarah Clansey wedi bod yn hawlio
arian gan Robert Spencer am beidio â rhoi gwybodaeth i'r heddlu
am ei ran ef ym marwolaeth Eliza Ann.

Nyddwyd gwe gywrain o dwyll a thrachwant ariannol, celwyddau
a chyfrinachau, o gylch marwolaeth Eliza Ann Evans. Cyflawnwyd
sawl trosedd wrth gyflawni un drosedd. Y drosedd wreiddiol oedd

yr erthyliad, trosedd ddifrifol yng ngolwg y gyfraith ar y pryd; yn wir, hyd at 1837, gan ddilyn deddf a ddaeth i rym ym 1802, roedd yn drosedd a hawliai'r gosb eithaf. Ond arweiniodd y drosedd wreiddiol at drosedd waeth o lawer: llofruddiaeth. Bu farw Eliza Ann dan law'r erthylwraig, Sarah Clansey. Roedd wedi cyflawni dynladdiad os nad llofruddiaeth, ond yn ôl yr erlyniaeth, llofruddiaeth oedd y drosedd a gyflawnwyd, ac nid dynladdiad. Ceisiodd Robert Spencer a Sarah Clansey guddio'r corff er mwyn cuddio'r drosedd, trosedd arall yng ngolwg y gyfraith. A phwy oedd y llofrudd: ai Sarah Clansey ai Robert Spencer, neu ai'r ddau ar y cyd? Sarah Clansey a gyflawnodd y weithred a laddodd Eliza Ann, ond Robert Spencer a aeth â hi i'w thŷ i gael erthyliad. Onid oedd yntau, felly, yn gyfrannog o'r weithred, yn ymhlyg yn y drosedd? Roedd gŵr Sarah Clansey wedi hawlio arian gan Robert Spencer am gadw'i geg ar gau, mudandod am dâl. Talodd Spencer £200 iddo am ei dawedogrwydd, swm anferthol yn y dyddiau hynny, gwerth tua £25,000 heddiw. Troseddwyr oedd y gŵr a'r wraig. Achos cymhleth oedd hwn.

Cymerodd wyth mlynedd i ddatrys y dirgelwch. Pam? Cymerodd wyth mlynedd cyn i'r wraig a oedd yn lletya gyda Sarah Clansey a'i gŵr dorri ar ei distawrydd. Pam nad aeth at yr heddlu cyn hynny? Ofnai, mwy na thebyg, y câi hithau hefyd ei chyhuddo o fod â rhan yn y drosedd, neu o leiaf y câi ei chosbi am gadw'r gwirionedd rhag yr heddlu; neu efallai fod Sarah Clansey a'i gŵr wedi bygwth ei lladd hithau hefyd pe bai'n agor ei cheg. A pham na fyddai Robert Spencer wedi priodi Eliza? Oni fyddai bywyd priodasol mewn cartref clyd a chysurus yn well na dwy flynedd o garchar gyda llafur caled? A oedd y weithred o feichiogi merch ifanc yn dwyn gormod o gywilydd a gwarth i'w chanlyn, yn ormod o fygythiad i'w barchusrwydd, yn enwedig ac yntau yn fferyllydd uchel ei barch?

Gan mai Cymraes oedd Eliza Ann Evans, dilynwyd hanes ei llofruddio yn eiddgar gan rai o bapurau Saesneg Cymru, ac adroddwyd yr hanes dan isbenawdau fel 'The Victim a Welsh Girl' a 'Supposed Murder of a Welsh Girl'. Y peth gwaethaf a wnaeth ei rhieni oedd symud o Gymru i West Bromwich.

Tynged Eliza Ann Evans oedd tynged sawl merch ifanc yn Oes Victoria, a chyn hynny ac wedi hynny: y groth oedd eu harch. Yn wir, mae hanes llofruddiaeth Eliza Evans a hanes llofruddiaeth Emily Cope yn hynod o debyg i'w gilydd: dynion hŷn yn beichiogi merched ifanc, a dynion proffesiynol ym myd meddygaeth ac iechyd yn trefnu'r erthyliad, a Dr John Morgan Hopkins, yn achos Emily Cope, yn cyflawni'r weithred o erthylu'r plentyn ei hun. Roedd pechod tybiedig yr oes yn arwain at y pechod mwyaf, ac at y drosedd fwyaf oll yng ngolwg y gyfraith, a'r bywyd newydd yn y groth yn arwain at farwolaeth.

9

Y CORFF YN Y SACH

LLOFRUDDIAETH JESSE HILL
Cwmbwrla, Abertawe, 1896

Ar ddydd Sadwrn, Medi 26, 1896, diflannodd masnachwr gwair a grawn o'r enw Jesse Hill o'i gartref yng Nghwmbwrla, Abertawe. Daeth dydd Sul, a 'doedd dim golwg ohono o hyd. Erbyn bore dydd Llun roedd yr heddlu yn chwilota yn nyfroedd dociau Abertawe rhag ofn bod corff yno. Ni chafwyd hyd i'r un corff yn y dŵr.

Aeth wythnos a rhagor heibio, a dim sôn am Jesse Hill yn unman. Yna, ar Hydref 6, cafwyd hyd i'w gorff. Yn ôl y *South Wales Daily Post*:

> During the last fortnight the name of Jesse Hill ... has appeared frequently in these columns, the man having been missing from his home since last Saturday week. Early this (Tuesday) morning the mystery which was attached to his whereabouts was solved, the body of Jesse Hill being found by Mr. Williams, Tybach Farm, floating in a small pond at the back of a field which adjoins his business before falling a victim to this mysterious fatality. Williams was startled for a moment by this strange, weird spectacle of a man's body floating on the water, and his first impulse – a natural one – was to satisfy himself as to the identity. Turning over the body so as to bring the face uppermost, Williams at once recognised that the man was no other than Jesse Hill. But this mere discovery of identity paled into a trivial insignificance when the ghastly, horrible spectacle met his gaze of a fractured skull, a deep gash in the back of the neck, and other injuries, which shed a flood of light on the probability, nay, something more, that this was the corpse of a murdered man.

Roedd y cae a rentid gan deulu Jesse Hill yn ffinio â chaeau fferm George Williams. Ffurfid y pwll hwn gan ddŵr a orlifai o hen siafft lo gyfagos, pan fyddai'r siafft yn orlawn o ddŵr ar ôl glaw trwm, ond roedd iddo rai troedfeddi o ddyfnder. Tybiai George Williams mai ci wedi boddi a welai yn y llyn, gan y byddai pobol leol yn boddi cŵn yno. Wrth nesáu at y pwll, gwelodd mai corff ei gymydog a oedd yn arnofio ar y dŵr, ac aeth i alw'r heddlu.

Drwy gydol yr wythnos y bu ar goll, bu llawer o bobol yn chwilio amdano, ond heb lwyddiant. Ar ôl darganfod ei gorff, dechreuodd yr heddlu holi teulu Jesse Hill am batrwm a threfn ei fywyd, ei ffordd o fyw, ei natur a'i gymeriad, ei berthynas ag aelodau eraill o'r teulu, a'i symudiadau olaf. Roedd yn ŵr dibriod canol oed, ac arhosai'n aml yn nhŷ ei dad oedrannus, Charles Hill. Roedd ei frawd, James Hill, a'i briod a'u plant, yn ogystal â morwyn, yn byw yn nhŷ'r tad. Dywedwyd mai gŵr addfwyn a hynaws oedd Jesse Hill. Roedd yn gyfeillgar â phawb, ac nid oedd ganddo elyn y byd. Gwnâi hynny yr achos yn un anodd iawn. Pwy bynnag a'i llofruddiodd, pa reswm a oedd gan y llofrudd i'w ladd, yn enwedig gan fod yr ymosodiad arno mor ffyrnig, mor llawn casineb? Os oedd ganddo wendid, hoffi arian yn ormodol oedd y gwendid hwnnw. 'Doedd Jesse Hill ddim yn gymdeithaswr mawr; yn annibynnol ei natur, cadwai ar wahân i bawb. Nid oedd ganddo unrhyw fath o ddrwgdeimlad tuag at neb.

Roedd Jesse Hill yn ŵr cyson ei arferion, ac ni fyddai byth yn esgeuluso pryd o fwyd, ond ar ddiwrnod ei ddiflaniad, ni ddaeth i gael cinio. Roedd hynny yn beth anarferol ar ei ran, ac ni allai'r teulu wneud dim ond aros. Daeth amser te, ac nid oedd sôn amdano yn unman, a dechreuodd y teulu bryderu. Y bore hwnnw, roedd Sarah Ann Hill, chwaer-yng-nghyfraith Jesse Hill, gwraig ei frawd James, wedi mynd i Lanelli am y bore, a dechreuwyd meddwl bod Jesse wedi mynd gyda hi. Ond pan ddaeth yn ôl o Lanelli yn hwyr y nos, 'doedd dim sôn am Jesse o hyd. Nid aeth ar gyfyl Llanelli.

Yn y tŷ ar ddiwrnod diflaniad Jesse, roedd y tad, Charles, ei fab James, a Susan Durk, chwaer Sarah Ann Hill. Roedd James, mae'n debyg, yn hoff o godi ei fys bach. Ni chododd tan dri o'r gloch y prynhawn ar y diwrnod hwnnw, ac ar ôl codi, bu'n mynd yn ôl ac ymlaen i'r dafarn. Gan na ddaeth Jesse yn ôl i gael yr un pryd o fwyd, dechreuodd y teulu feddwl bod rhywbeth wedi digwydd iddo, ac aethant i chwilio amdano yn y rhan o'r cae llysiau lle tyfid bresych, ac yn y stordy cyfagos lle cadwai'r teulu offer a llysiau dan glo. Ymunodd eraill i chwilio amdano, a bu perthnasau a chymdogion yn cerdded y wlad yn eu hymdrech i ddod o hyd iddo, o Benrhyn Gŵyr hyd at Langyfelach.

Agorwyd y cwest ar farwolaeth Jesse Hill ar y diwrnod y darganfuwyd y corff. Roedd yn rhaid symud yn gyflym, gan fod angen claddu'r corff cyn gynted ag yr oedd modd, cyn iddo ddirywio ymhellach. Cyn bwrw ymlaen â'r cwest aed ag aelodau'r rheithgor i weld ei gorff. Roedd twll yn ei gorun, fel pe bai rhywun wedi ei fwrw ar ei ben gydag erfyn trwm, fel morthwyl. Roedd archoll ddofn yng ngwar y corff, a bron nad oedd y pen wedi ei wahanu oddi wrth weddill y corff. Cafwyd hyd i forthwyl a chyllell yn y stordy, a dyfalwyd mai'r rhain a ddefnyddiwyd gan y llofrudd i'w ladd.

Ar ôl holi brawd Jesse, Tom Hill, yn fyr, gohiriwyd y cwest nes y byddai rhagor o wybodaeth a thystiolaeth wedi dod i'r fei.

Y diwrnod ar ôl i'r corff gael ei ddarganfod, gwnaed ymholiadau gan yr heddlu ynghylch symudiadau olaf Jesse Hill. Aeth i Abertawe o'i gartref yng Nghwmbwrla ar fore'r dydd Sadwrn hwnnw, Medi 26, pryd y diflannodd. Aeth yno ar fusnes. Fe'i gwelwyd yn gadael Abertawe tua hanner awr wedi un ar ddeg o'r gloch y bore, ar ei ffordd adref. Cyn cyrraedd ei gartref, gwelodd un o'i gwsmeriaid ar y ffordd, ac archebodd y cwsmer lysiau ganddo, gan dalu amdanyn nhw ymlaen llaw. A dyna'r tro olaf i unrhyw un ei weld yn fyw, ac eithrio'r llofrudd. Ar y diwrnod y diflannodd Jesse, drwy gydol y bore bu ei frawd, Tom, yntau hefyd yn rhan o'r busnes teuluol, yn gweithio yn y cae llysiau, ynghyd â gweithiwr arall. Bu'r ddau yno tan hanner awr wedi dau o'r gloch y prynhawn, ac ni fu Jesse ar gyfyl y lle yn ystod yr oriau hynny. Bu yno cyn hynny neu wedi hynny.

Tybiai'r heddlu fod Jesse wedi clywed sŵn yn dod o'r stordy, a'i fod wedi mynd i mewn i'r adeilad i weld beth oedd yn digwydd; neu, efallai fod rhywun wedi galw arno o'r tu mewn i'r stordy. Ar ôl chwilio a chwalu drwy'r stordy yn fanwl, canfuwyd morthwyl a chyllell cigydd wedi eu staenio gan waed, ond tybiwyd yn ddiweddarach mai pen coes cribin a ddefnyddiwyd i daro Jesse Hill ar ei ben. Roedd rhagor o waed ar y priciau coed tân ar y llawr. Roedd blwch mawr a basged wiail hefyd yn waed i gyd, ac ar y mur roedd ôl dwy law waedlyd. Roedd yn amlwg mai yn yr adeilad hwn y lladdwyd Jesse Hill. Pa bryd, felly, y cariwyd y corff o'r stordy at y pwll dŵr? A oedd y corff wedi ei guddio yn y stordy am rai dyddiau, a neb wedi sylwi? Ac os symudwyd y corff o'r stordy ar y diwrnod y lladdwyd Jesse Hill, sut na fyddai rhywun wedi sylwi arno? Yn weddol agos at y pwll dŵr roedd nifer o dai. Lladdwyd Jesse rywbryd ar ôl hanner awr wedi dau o'r gloch, oherwydd bu Tom ei frawd a'i gydweithiwr yn defnyddio'r gyllell hyd at yr amser hwnnw.

Aeth Prif Gwnstabl Abertawe, Capten Isaac Colquhoun, ynghyd â dau blismon arall, i archwilio'r stordy ar Hydref 7, ddiwrnod ar ôl i'r corff gael ei ddarganfod yn y pwll. Roedd yn amlwg iddyn nhw fod y llofrudd wedi defnyddio'r fasged wiail i gario'r corff at y pwll dŵr. Roedd ôl bysedd gwaedlyd ar bob un o ddolenni'r fasged. Rhwng 120 a 140 o lathenni oedd y pellter rhwng y stordy a'r pwll.

Ychydig amser cyn ei farwolaeth, roedd Jesse wedi derbyn llythyr dienw. Roedd y llythyr hwn yn cynnwys tystiolaeth allweddol, ac fe'i rhoddwyd i'r heddlu. Diben y llythyr oedd rhybuddio Jesse fod lladron – nid lleidr – wrthi yn dwyn llysiau o gae'r teulu yn hwyr y nos. Os oedd yn bwriadu dal y lladron, dylai wylio'r cae rhwng deg ac un ar ddeg o'r gloch y nos. Derbyniodd y llythyr hwn ryw bythefnos cyn iddo farw. Dyna pam yr aeth y teulu i chwilio amdano yn y cae. Tua'r un adeg cafwyd tystiolaeth arall. Dywedodd gwraig leol iddi weld tri dyn yn rhuthro o gyfeiriad y cae lle'r oedd yr ardd fresych.

Cyn parhau'r cwest, bu llawer o ystyriaethau a damcaniaethau yn troi o amgylch y llofruddiaeth. Un ddamcaniaeth oedd mai lladron a laddodd Jesse. Gwyddai pawb ei fod yn hoffi arian hyd at gybydd-dod. Cariai bwrs llawn o arian gydag ef yn aml. Ar y diwrnod y diflannodd, bu wrthi'n casglu arian a oedd yn ddyledus iddo gan gwsmeriaid. Roedd Jesse Hill yn ddyn cefnog, er mai cyffredin a di-raen oedd ei wisg yn aml. Roedd yn berchen ar nifer o dai. Peth arall syfrdanol amdano oedd y ffaith nad oedd wedi gwneud ewyllys, ac nid oedd yswiriant ar ei fywyd ychwaith. Gan nad oedd wedi gwneud ei ewyllys, y teulu a fyddai'n etifeddu ei ffortiwn enfawr.

Tybiaeth arall oedd mai'r lladron a fyddai'n dwyn llysiau o'r cae a'i lladdodd. Un ai bod y lladron wedi synhwyro bod rhywun yn eu gwylio o'r stordy, ac wedi canfod Jesse Hill yn y stordy, a'i ladd; neu efallai, fod Jesse Hill wedi dal y lladron wrth y gwaith o ladrata, a bod y rheini wedi ei lusgo i'r stordy, ac wedi ei lofruddio yno. Tua hanner nos ar y diwrnod y diflannodd Jesse Hill, clywodd nifer o drigolion y tai a oedd y tu ôl i gefn y stordy rywun yn gweiddi 'Murder' deirgwaith o fewn ychydig funudau i'w gilydd. Mwy na thebyg felly mai dyna pryd y llofruddiwyd Jesse Hill.

Parhawyd y cwest ar fore dydd Gwener, Hydref 9. Y tyst cyntaf a alwyd oedd Tom Hill. Y tro olaf iddo weld ei frawd oedd am ddau o'r gloch ar y diwrnod y diflannodd. Tybiai y gallai Jesse fod wedi mynd allan i'r wlad i brynu llysiau. Gwnâi hynny weithau, gan deithio cyn belled â Phenrhyn Gŵyr hyd yn oed. Roedd yn bosib hefyd ei fod wedi mynd i Lanelli ar fusnes, ac y byddai'n dod yn ôl gyda'i chwaer-yng-nghyfraith, Sarah Ann Hill. Arferai hi fynd i farchnad Llanelli i werthu cynnyrch y teulu bob dydd Iau a dydd Sadwrn. Gwyddai Jesse hynny. Dychwelodd y chwaer-yng-nghyfraith o Lanelli am hanner awr wedi deg y nos, ond nid oedd Jesse gyda hi. Dyna pryd y gwyddai'r teulu fod rhywbeth o'i le. Tuag un ar ddeg o'r gloch ar y nos Sadwrn honno, ar ôl i Sarah Ann Hill ddychwelyd o Lanelli, gofynnodd y tad i Tom fynd i chwilio am Jesse yn y cae llysiau. Pan ofynnodd y Crwner pam y gwnaeth hynny, cyfeiriodd Tom Hill at y llythyr dienw yr oedd Jesse wedi ei dderbyn. Darllenwyd y llythyr yn uchel gan y clerc:

Dear Sir,

I think it is my duty to let you know, as I have heard that people living around your fields are suspected of removing cabbage and other vegetables from there, that the persons who are doing so are in your family. I have occasion to pass the roads around your fields nearly every night, and I think it looks suspicious to see W. H. Hill and his brother Charles coming from your fields loaded with vegetables, and taking their loads to their own house. This has been going on for a long time, Saturdays especially, and I think it is my duty to warn you, so if you go to Waunwen-terrace you will be able to see for yourself that what I say is true. Hoping that you will not be offended with me for withholding my identity, which I

will make known to you if I see the same thing happen again, beleaving [*sic*] that I am acting in the capacity of friend. On Saturday night last I saw the first person named with as much as he could hold in a sack coming from your fields at 12 midnight. Hoping you will find that what I say is true,
    Yours truly.
    A FRIEND

Pwy bynnag oedd y llythyrwr, roedd wedi ymdrechu i guddio'i lawysgrifen arferol yn ôl y Crwner. Gofynnodd i Tom Hill a oedd cynnwys y llythyr yn wir, a chadarnhaodd hynny. Gofynnodd wedyn a oedd y tad yn amau mai rhywun o fewn y teulu a oedd yn dwyn y llysiau. Oedd, atebodd, ar ôl i Jesse dderbyn y llythyr, ond nid cyn hynny. Esboniwyd mai neiaint Jesse, James a Tom Hill oedd W. H. Hill (William Henry) a Charles Hill. Roedd tri Charles Hill yn y teulu: Charles Hill, y tad oedrannus, Charles Hill ei fab, sef brawd Jesse, James a Tom, a Charles Hill ei fab yntau, brawd William Henry Hill, a'r ddau yn wyrion i Charles Hill, y patriarch a'r penteulu. Roedd y Charles Hill canol, tad William Henry a Charles, wedi marw ers rhyw flwyddyn a hanner. Roedd gan Charles, tad William Henry a Charles, fab arall hefyd, a'i enw oedd Freddie.

Eglurodd Tom Hill fod 14 o gymdogion a pherthnasau wedi bod yn chwilio am Jesse ymhobman. Y tad a'u gyrrodd i Benrhyn Gŵyr, oherwydd bod fferm yno lle yr arferai Jesse brynu erfin, ac fe aethon nhw i Langyfelach i chwilio amdano oherwydd bod plismon, Cwnstabl Lloyd, wedi honni iddo weld Jesse yn cerdded ar Ffordd Llangyfelach ar y dydd Sadwrn y diflannodd. Gwnaed ymholiadau hefyd ym mhentref Felindre, y pentref hwnnw ar bwys Llangyfelach lle y llofruddiwyd Elinor Williams ym 1832, gan y byddai Jesse yn mynd yno bob hyn a hyn i brynu erfin.

Trwy gydol y naw niwrnod y bu Jesse Hill ar goll, bu'r teulu yn chwilio amdano ymhobman, heb unrhyw fath o lwyddiant, gan barhau i weithio ar yr un pryd, rhag i'r busnes fynd â'i ben iddo. Ar y diwrnod y darganfuwyd y corff roedd Tom Hill yn gweithio yn y cae, yn torri gwair ac yn codi bresych ar gyfer cwsmeriaid. Daeth plismon lleol o'r enw Northcote ato, a gofyn iddo gamu dros y berth at y pwll. Roedd corff yn y pwll, a gwelodd Tom Hill ar unwaith mai corff ei frawd ydoedd.

Holwyd Tom Hill wedyn gan Brif Gwnstabl Abertawe, Isaac Colquhoun. Gofynnodd iddo sawl gwaith y bu'r teulu yn chwilio am Jesse Hill yn y stordy. Dywedodd Tom Hill fod pedwar ohonyn nhw wedi bod yn chwilio am Jesse yno, ef ei hun, dau nai iddo, William Henry a Freddie Hill, dau o feibion ei frawd Charles, a Tommy Morris, a weithiai i'r teulu. Buont yn chwilio am Jesse ddwywaith yn y stordy, wrth olau cannwyll, ac ni welsant ddim. Gofynnodd Colquhoun a oedd unrhyw un wedi gweld y gyllell hir a'r fasged wiail yn y stordy. Roedd yn dywyll iawn yn y stordy, meddai Tom Hill, a chwilio am Jesse Hill roedden nhw, a dim byd arall. Gofynnodd y Prif Gwnstabl a oedd gan ei frawd arian arno pan laddwyd ef, a dywedodd Tom Hill fod tua £40 o arian cwsmeriaid ganddo ar y pryd.

Galwyd ar y tad oedrannus, Charles Hill, wedyn. Y tad oedd perchen y busnes gwerthu gwair, grawn a llysiau. Y tad a gyflogai wahanol aelodau o'r teulu i weithio iddo. Byddai Jesse Hill yn prynu nwyddau gan ei dad, ac yn eu gwerthu i gwsmeriaid am elw wedyn. Dywedodd y tad fod ei fab Jesse yn llwyrymwrthodwr, ac nad oedd ganddo elynion.

Galwyd ar James Hill, y brawd a oedd yn byw gyda'r tad yn 11 Ffordd Caerfyrddin, i roi tystiolaeth. Ni welodd Jesse o gwbwl ar ddydd Sadwrn ei ddiflaniad. Arhosodd yn ei wely tan ganol y prynhawn, wedi meddwi, ac aeth i yfed eto ar ôl iddo godi. Yna galwyd ar ei wraig, Sarah Ann Hill. Aeth i Lanelli â llond men o lysiau i'w gwerthu ar y diwrnod y diflannodd ei brawd-yng-nghyfraith. Gyda hi yr oedd Freddie Hill a Tom Morris, y gweithiwr. Holwyd aelodau eraill o'r teulu, Susan Durk, chwaer Sarah Ann Hill, David Nantcurvis, a oedd yn briod â nith i Jesse Hill, a rhai o neiaint Jesse. Dywedodd William Henry Hill mai dwywaith yn unig yr aeth ef a'i frawd i'r cae i ddwyn bresych; ar wahân i'r ddau dro hynny, ni fu ef na'i frawd yn agos at y cae heb ganiatâd eu tad neu eu tad-cu, Charles Hill. Ni allai'r un o'r rhain daflu unrhyw oleuni ar y dirgelwch.

Un o'r tystiolaethau mwyaf annisgwyl oedd tystiolaeth cymdoges o'r enw Mary Thomas. Ar nos Sadwrn, Medi 26, rhwng wyth ac ugain munud wedi wyth o'r gloch, gwelodd dri dyn yn rhedeg nerth eu traed o'r cae, ond ni allai eu disgrifio, gan ei bod hi'n dywyll fel y fagddu ar y pryd.

Gohiriwyd y cwest tan ddydd Llun, Hydref 12. Cyn dechrau holi rhagor o dystion, aed ag aelodau'r rheithgor i weld yn union ymhle y cafwyd hyd i gorff Jesse ac i weld y stordy. Cymerodd hynny ddwyawr. Holwyd Mary Ann Hill ynghylch symudiadau ei gŵr, Tom, ar yr adeg y diflannodd ei brawd-yng-nghyfraith. Ailalwyd Tom ei hun, ond nid oedd ganddo ddim byd newydd na gwahanol i'w ddweud.

Roedd y Crwner, Edward Strick, yn ogystal â Phrif Gwnstabl Abertawe, yn amlwg yn chwilio am enghraifft neu enghreifftiau o dyndra rhwng y gwahanol aelodau o'r teulu. Câi'r ddau'r argraff fod y teulu yn celu rhai ffeithiau a phethau rhag y rheithgor a rhagddo yntau. Rhywun o'r tu allan i'r teulu a ollyngodd y gath allan o'r cwd, trwy awgrymu bod rhywfaint o dyndra a gwrthdaro o fewn y teulu. Galwyd ar Gwnstabl Lloyd, y plismon a oedd wedi gweld Jesse Hill ar Ffordd Llangyfelach am hanner awr wedi un ar ddeg o'r gloch y bore ar ddydd Sadwrn, Medi 26, ac meddai:

I saw Jesse at 11.30 on Saturday morning in Llangyfelach-street. He was going in the direction of the Pentre. Witness [Thomas Hill] admitted having told a constable that it might have been a planned affair and done up for jealousy. This jealousy was in connection with the father's property. The father was afraid to work up the field in the dark, because he did not like the youngest of the brothers William Henry and Charles Hill. Witness did not know how the property would be distributed, but witness's father used to say "Jesse, I've put you all right." Jesse was the eldest son living in this country. His father had made a will, but witness did not know its contents. There was no jealousy between the three brothers – Thomas (witness), James and Jesse. The nephews talked about the property, and one of them (William Henry) had struck witness with a belt. The nephew did not like the witness, who had the management of the old man's affairs. The old man sometimes, when he had had a glass of beer, would say "Tom, you are all right; Jim, you are all right; and Jesse you are all right." Witness had not heard the nephews make any threats.

A dyma ddod yn ôl at y ddau frawd. Er nad oedd Thomas wedi clywed ei ddau nai yn bygwth unrhyw un mewn unrhyw ffordd, efallai fod y ddau yn credu y dylent hwythau hefyd gael cyfran o arian yr hen ŵr, fel meibion i'r brawd a fu farw, Charles. Ni chymerai'r naill na'r llall unrhyw ran uniongyrchol ym musnes Charles Hill, eu tad-cu, ond rhoddent help llaw i'r teulu yn awr ac yn y man, yn ôl y galw. Tystiodd Susan Durk nad oedd unrhyw genfigen na drwgdeimlad rhwng y tri brawd.

Galwyd James Hill eto, a chafodd ei groesholi gan Isaac Colquhoun. Roedd yr hyn a ddywedodd Cwnstabl Lloyd wedi cynhyrfu'r dyfroedd ac wedi codi amheuon yn ei feddwl ynghylch y ddau frawd. Ar ben hynny, roedd James Hill wedi dweud pethau dadlennol am y teulu wrth rai o'r papurau, ac wedi awgrymu bod y weithred o lofruddio Jesse Hill wedi ei chynllunio'n ofalus ymlaen llaw, ac mai cenfigen oedd wrth wraidd y weithred, sef yr union beth yr oedd Tom Hill wedi ei awgrymu wrth Gwnstabl Lloyd:

Captain Colquhoun: Did you say it might have been a planned affair and done up for jealousy?
I may have said so because it was known he carried money.
What do you mean by jealousy?
By that letter, sir.
What is there about jealousy in the letter?
Well, when my mother died suddenly, I persuaded my father to do something because he was very feeble and bad at the same time, and I said, "You will save a lot of dispute

among the family." "Yes," he said, "it would, Jim, I'll make up my mind what I'll do, and when I am well enough I'll go down." I said "That will do. You will remember the Mainwarings in the Pentre, where there was a dispute, and all the money was spent in law." My brother died soon after that, and my nephews were going round and cursing and swearing and saying they were going to have their father's share, and do this and that. I said to my father, "They are talking a lot before you are half dead yet." It was receiving the letter with their two names about taking the cabbage that was my meaning of saying that to the reporter.

The Coroner: But the question of jealousy?

There was something of jealousy, for they talked about what they were going to do, and what they were going to have.

Supposing your father had died, what would they have?

I could not say.

Galwyd ar y ddau frawd i ddwyn tystiolaeth, Charles i ddechrau, William Henry wedyn. Mynnent mai unwaith neu ddwy yn unig y buont yn dwyn bresych o'r cae, a gwadodd y naill a'r llall eu bod wedi taro eu hewyrth Thomas â gwregys. Ar y dydd Sadwrn tyngedfennol hwnnw, aeth y ddau frawd i weld gêm bêl-droed leol yn y prynhawn. Wrth iddo gael ei holi am y gêm, dywedodd Charles na allai gofio pa dimau a oedd yn chwarae yn erbyn ei gilydd, na beth oedd y sgôr. Yn ôl Charles, gadawodd ei frawd y cae chwarter awr o'i flaen; gadawodd yntau'r cae wedyn gyda chigydd o'r enw George Lucas, ac aeth y ddau i dafarn y Cricketers' Arms am lymaid. Pan alwyd ar William Henry i roi tystiolaeth, dywedodd nad dyna a ddigwyddodd. Yn groes i dystiolaeth ei frawd, dywedodd fod y ddau ohonyn nhw wedi gadael y cae pêl-droed ar yr union un adeg â'i gilydd, a bod Charles wedi mynd i'r dafarn ar ei ben ei hun. Aeth William Henry ei hun i'r Neuadd Ddirwest gyda'i wraig ar nos Sadwrn, ond eto, wrth iddo gael ei groesholi, ni allai gofio unrhyw un a oedd yno, na neb a fu'n annerch yno, na neb a fu'n canu yno. Aeth i'r Neuadd Ddirwest ac yn ôl adref heb weld unrhyw un yr oedd yn ei adnabod. Felly, roedd y ddau frawd yn gwrth-ddweud ei gilydd.

Pan ddarganfuwyd y corff yn y pwll, roedd Tom Hill a David Nantcurvis yn gweithio yn un o'r caeau yn ymyl y pwll. Aeth David Nantcurvis at dad Jesse i dorri'r newyddion iddo, heb iddo hyd yn oed weld y corff. Terfynwyd y gweithgareddau am y dydd, a phennwyd diwrnod arall i fwrw ymlaen â'r cwest.

Gwelwyd bai ar y teulu am ledaenu'r rhwyd yn rhy eang. Nid yn y lle y cafwyd hyd i'w gorff yr oedd Jesse wedi cael ei lofruddio. Symudwyd ei gorff at y pwll ar ôl iddo gael ei ladd yn rhywle arall. Pam na fyddai'r teulu wedi chwilio amdano yn fwy gofalus yn y mannau agosaf a phwysicaf. Y cyfan a wnaed oedd chwilio amdano wrth olau cannwyll. Ni welwyd y gyllell ac arni staeniau o waed yn y stordy. Pe bai rhywun wedi dod o hyd i'r gyllell honno, byddai'n amlwg fod corff Jesse Hill yn gorwedd yn rhywle yn ymyl.

Parhawyd y cwest ar ddydd Iau, Hydref 15. Gofynnodd y Crwner i'r rheithgor ystyried y posibiliad fod dau neu ragor wedi llofruddio Jesse Hill. Er na allai hyd yn oed awgrymu bod aelod neu aelodau o'r teulu yn gyfrifol am y llofruddiaeth, roedd rhai pethau yn codi amheuon. Pam na fyddai'r teulu wedi cysylltu â'r heddlu ar unwaith i ddweud bod Jesse ar goll, yn hytrach na mynd ati i chwilio amdano ar eu pennau eu hunain? Pam na fyddai'r teulu wedi chwilio'n fwy gofalus am y corff yn y mannau mwyaf amlwg? Gwyddai'r teulu am y pwll. Roedd yn fwy tebygol fod Jesse wedi ei foddi ei hun neu wedi cael ei foddi yn y pwll na bod rhywbeth wedi digwydd iddo mewn lleoedd pellach fel Llangyfelach a Phenrhyn Gŵyr. Ond haerai un o chwiorydd Jesse fod y teulu wedi mynd at y pwll ar y diwrnod y diflannodd, wedi iddi nosi, a 'doedd dim corff yno bryd hynny. Roedd yn bosib fod y llofrudd neu'r llofruddion wedi taflu'r corff i'r siafft lo, a bod y corff wedi symud gyda'r dŵr i'r pwll, wrth i'r siafft lo orlifo. Yn ôl adroddiad ar y cwest yn *Tarian y Gweithiwr*: 'Darfu i waith y teulu yn gomedd rhoi gwybodaeth yn[g] nghylch y dyn colledig yn y gymydogaeth y gwelwyd ef olaf, yn sicr, greu cryn lawer o ddrwgdybiaeth'. Ond nid oedd y ddrwgdybiaeth na'r amheuaeth honno yn ddigonol i gyhuddo neb o fewn y teulu o ladd Jesse.

Hefyd, roedd yn rhaid ystyried y posibiliad mai lleidr neu ladron a'i lladdodd, er mwyn dwyn yr ychydig arian a oedd yn ei feddiant ar y pryd. Wrth derfynu, dywedodd y Crwner, os na allai aelodau'r rheithgor dadogi'r bai am ladd Jesse Hill ar rywun neu rywrai yn benodol, yna, byddai'n rhaid i'r rheithgor ddod yn ôl â rheithfarn o lofruddiaeth fwriadol gan berson neu bersonau anhysbys. A dyna'r union reithfarn a gafwyd gan y rheithgor, ynghyd â cherydd i'r teulu am eu bwnglerwaith a'u hesgeulustod, a chan awgrymu hefyd y dylid sugndynnu'r pwll, rhag ofn bod mwy dystiolaeth ynddo.

Roedd llawer yn amau fod a wnelo'r teulu rywbeth â'r llofruddiaeth. Roedd yn deulu anffodus, a dweud y lleiaf. Bron i flwyddyn a hanner cyn marwolaeth Jesse, ym mis Mehefin 1895, bu i'w frawd, Charles, tad y ddau a oedd dan amheuaeth, farw o wenwyn, ar ôl iddo fwyta cig pwdwr. Lladdwyd dwy o chwiorydd Jesse ar yr un pryd, chwarter canrif a mwy ynghynt, gan drên, pan oedd y ddwy yn blant ysgol.

Tua diwedd mis Hydref, derbyniodd Tom Hill lythyr dienw gan rywun a honnai ei fod yn gwybod yn union beth a ddigwyddodd i'w frawd Jesse. Rhoddwyd y llythyr i'r heddlu, ond gan nad oedd enw ynghlwm wrtho, ni chymerodd yr heddlu fawr o sylw ohono.

Ar ddiwedd mis Hydref, 1896, dair wythnos a rhagor ar ôl darganfod corff Jesse Hill, ac ar ôl cwest rhyfeddol o hir, cyfaddefodd Isaac Colquhoun nad oedd gan yr heddlu unrhyw syniad pwy oedd y llofrudd, neu lofruddion. Nid oedd digon o dystiolaeth i gyhuddo'r ddau frawd o'r drosedd, na neb arall o fewn y teulu ychwaith.

Yn raddol, ciliodd yr achos i'r cysgodion. Parhaodd anlwc y teulu. Bu farw James Hill yn sydyn ym mis Chwefror 1897, ychydig fisoedd yn unig ar ôl llofruddiaeth ei frawd. Aeth 1897 heibio, a 1898. Ni thybiai neb bellach y byddai'r heddlu yn dal y llofrudd, ac aeth llofruddiaeth Jesse Hill yn lled angof.

Yna, ym 1899, dair blynedd yn ddiweddarach, digwyddodd rhywbeth annisgwyl iawn. Arestiwyd Cymro Cymraeg canol oed o'r enw Rhys Davies o Frynhyfryd, Abertawe, ar Ionawr 19, am lofruddiaeth Jesse Hill. Haliwr a weithiai yng Nghwmbwrla oedd Rhys Davies o ran galwedigaeth, a bu o flaen ei well deirgwaith o'r blaen am gyflawni mân droseddau. Ymddangosodd Rhys Davies ger bron Llys yr Heddlu, Abertawe, ar Ionawr 20, 1899, wedi'i gyhuddo o lofruddio Jesse Hill ar Fedi 26, 1896. Arestiwyd Davies ar gorn tystiolaeth un dyn, ac un dyn yn unig, sef crydd ungoes o'r enw David Jones. Yn ôl y *Weekly Mail* a sawl papur arall:

Evidence was given by a man named David Jones, a shoemaker, living at Treboeth. He said that he remembered in the month of September, 1896, on a Saturday, prisoner came and asked him to write a letter to Jesse Hill for him. Witness refused. Prisoner explained that Jesse Hill had promised to give him some hay and corn on trust, and had not done so, and that he would kill him for the dirty trick he had served him. He advised prisoner not to do any such foolish thing, and that if he did, he (witness) would have to give evidence against him. Prisoner said, "You shall see then." Towards the end of September he remembered prisoner coming to his workshop and asking permission to leave a bag. He consented, and prisoner went out afterwards. He (witness) left his work and went over to the Dillwyn Arms, where he remained for some time. A man ultimately came there whom he could not identify, and asked him for the key of his workshop. Witness at first refused, but afterwards gave him the key. Witness went out and followed him, and saw him joined near his workshop by two other men. The prisoner went in, and the man who had fetched the key remained outside. Witness then went in, and prisoner asked him if he knew what was in the sack. Witness said, "No," whereupon prisoner opened the sack and showed him the face of a man. He could not identify him as Jesse Hill. Prisoner told him, "That's the b[astard] I was going to kill," and witness ordered him to clear out, and prisoner asked him to help the sack on his back, but he refused. Then the man who fetched the key came in from outside, and said he would help, and prisoner and the two men took the bag away.

Stori ryfedd, a dweud y lleiaf. Pa lofrudd a fyddai'n cludo corff yr un yr oedd wedi ei ladd mewn sach gefn dydd golau? Gofynnwyd y cwestiwn anochel i David Jones: pam na fyddai wedi rhoi'r wybodaeth hon i'r heddlu ar y pryd. Dywedodd y tyst iddo roi'r wybodaeth i'r Prif Gwnstabl, chwe wythnos ar ôl y llofruddiaeth. Roedd Capten Isaac Colquhoun yn bresennol yn y llys, a dywedodd mai dim ond rhan o'r stori a glywsai gan David Jones, ac ni wnaeth un dim o ganlyniad i'w chlywed. Gan na châi neb i wrando arno, anfonodd David Jones lythyr at yr heddlu yn enwi Rhys Davies fel y llofrudd.

Dechreuodd yr heddlu amau nad olion dwy law waedlyd Jesse Hill a welwyd ar wal y stordy, ond ôl dwylo'r llofrudd ei hun. Tynnwyd lluniau o'r olion dwylo ym 1896, ac yn awr, dair blynedd yn ddiweddarach, rhoddwyd rhai o ddulliau fforensig Alphonse Bertillon, dulliau newydd ac arbrofol iawn ar y pryd, ar waith. Roedd Bertillon wedi ffurfio'r ddamcaniaeth fod ôl bodiau pob person yn unigryw i'r person hwnnw ac yn wahanol i ôl bodiau pawb arall. Fodd bynnag, ni lwyddwyd i brofi trwy'r dull newydd hwn mai Rhys Davies oedd y llofrudd.

Y gwir yw fod yr heddlu a'r papurau newydd yn amau stori David Jones. Un o'r papurau a ddrwgdybiai ei dystiolaeth oedd y *Western Mail*:

The prisoner is unquestionably a "simple" sort of man, as his demeanour the other day when charging some boys with throwing stones at him would prove. On Saturday we questioned whether the story was an "invention of the cock-and-bull order," and that accords with the general impression up to now. Scarcely anyone gives credence to the story. It is emphatically denied that a man of 15st. could be carried about in a sack at all, and in this connection it is important to note that the cobbler's shop and the Dillwyn Arms, Brynhyfryd, are both over a mile from the shed in the field. That a corpse reeking from a most sanguinary death could be carried there and back by one or even two men without leaving the slightest trace to arouse suspicion is considered too incredible for discussion. It was actually stated that the sack, with a fifteen-stone man inside, was taken into the public-house itself. It is, of course, useless and undesirable to prejudge the question entirely, but this view is so obvious that it would be nonsense not to give it vent even thus early. If two other men were engaged in this remarkable exploit, where are they, and how is it that Davies has never seen them since and cannot identify them? Men who would join in such a deed with a simple sort of itinerant haulier could not be strangers. Indeed, it is difficult to see what sort of men they could be, not merely to do such a wild and improbable thing, but to escape all suspicion afterwards.

Ymddangosodd Rhys Davies ger bron yr ynadon nifer o weithiau. Gobeithiai'r heddlu y gellid dod o hyd i'r dynion yr honnwyd eu bod wedi ei helpu i gario corff Jesse Hill. Ni chafwyd hyd iddyn nhw yn unman. Disgrifiwyd Davies fel gŵr canol oed diniwed ac anllythrennog. Prin oedd ei Saesneg, a bu'n rhaid cael cyfieithydd yn ystod y gwrandawiadau i gyfieithu popeth a ddywedai. Byw o'r llaw i'r genau a wnâi, ac roedd anlwc yn ei ddilyn i bobman. Bu farw sawl un o'i geffylau, ac ar sail hynny, yn ogystal â'r ffaith fod y bobol leol o'r farn fod rhyw goll arno, 'Rhys Golled' oedd yr enw arno ym Mrynhyfryd a'r cyffiniau. Roedd yn aml mewn dyled.

Ymddangosodd Rhys Davies o flaen yr ynadon am y pedwerydd tro ar Chwefror 6, 1899, a chroesholwyd David Jones yn fanwl yn ystod yr achos. Yr erlynydd oedd Arthur Lewis, a chynrychiolid y diffynnydd gan Viner Leeder. Yn ei araith agoriadol, dywedodd Arthur Lewis y bwriadai brofi bod Rhys Davies yn adnabod Jesse Hill. Roedd Hill, meddai, wedi gwneud cam â Davies, ac er mai cam bychan dibwys oedd hwnnw, roedd wedi chwarae ar feddwl y carcharor gymaint nes iddo feddiannu ei feddwl yn llwyr a throi'n awch am ddialedd. Cyfaddefodd Arthur Lewis nad oedd y cymhelliad – sef y cam tybiedig a wnaethai ag ef – yn ddigon o reswm dros gyflawni llofruddiaeth. Roedd Rhys Davies wedi bygwth lladd Jesse Hill yn ôl David Jones, ac os oedd hynny'n wir, roedd yn dystiolaeth allweddol. Gwan iawn oedd y dystiolaeth yn erbyn Rhys Davies, mewn gwirionedd.

Yn ystod y trydydd gwrandawiad, ar Ionawr 29, holwyd Tom Hill gan Viner Leeder am y llythyr a anfonwyd at Jesse i'w rybuddio bod ei ddau nai, Charles a William Henry Hill, yn dwyn bresych o'r cae. Gofynnodd pam y cyfeiriwyd y llythyr at Jesse, gan mai eiddo'r tad oedd y cae. Ni allai Tom Hill ateb. Gofynnodd a fyddai Jesse yn mynd i'r cae yn y nos. Atebodd y tyst trwy ddweud na fyddai byth yn mynd i'r cae yn hwyr y nos. Yn ystod y pedwerydd gwrandawiad hwnnw ar Chwefror 6, cyflwynwyd y llythyr fel tystiolaeth. Pwy'n union oedd y llythyrwr? Ai denu Jesse Hill allan yn hwyr yn y nos i'w lofruddio oedd diben y llythyr? Ac yna, cafwyd dadleniad rhyfeddol. Yn ôl y *South Wales Daily Post*:

That letter in itself apparently might have a perfectly innocent construction, but this he would be able to prove to them – that, whoever wrote that letter – and it was not suggested that it was written by the prisoner, he would show them that prisoner had procured a letter to be written to Jesse Hill. Whether it was written by David Jones was not quite clear, but prisoner himself referred to that letter after the murder in a conversation which he had with David Jones and he also admitted to the police constable, when he was seen with regard to the case not very long after the murder, when he was asked whether he had written any letters, and in reply he said "Yes, I did get that shoemaker down by there to write a letter to Jesse Hill about stealing the cabbages." So they had got the prisoner connected with the anonymous letter, which was indisputably written some time before the murder was committed. Mr. Lewis went on to say that the letter in itself was apparently the letter of a friend warning Jesse Hill about the stealing of cabbages from the garden, though why he should be warned as the garden did not belong to him, one was at a loss to understand. Counsel then read the letter, which hinted that relatives of the deceased were often seen stealing the cabbages. Now he would say he believed he should be able to show them that the motive for writing that letter was the motive suggested by the prosecution. It was, as he thought he should be able to show, to induce Jesse Hill to go at night to the cabbage garden, as the prosecution suggested, for the purpose of his meeting the prisoner there, and carrying out the purpose which he had in his mind.

Cyflwynwyd llythyr arall fel tystiolaeth wrth i'r achos barhau ar y diwrnod canlynol, Chwefror 7. Y llythyr a anfonodd David Jones at Isaac Colquhoun, Prif Gwnstabl Abertawe, oedd y llythyr hwnnw. Darllenwyd y llythyr yn y llys gan Viner Leeder, wrth iddo holi David Jones. Lluniwyd y llythyr ar Ragfyr 7, 1896. A dyma'r llythyr a oedd mor allweddol i'r holl achos:

Dear sir,

I know it is my painful duty to try and assist you in discovering the murderer of poor Jesse Hill. I am almost certain I have done so. So now I will tell you. The man came to me about two or three weeks before Jesse Hill was killed, and this man went to talk about him, and he told me during the conversation that he would be sure to kill him, and that he had been many nights on the look out for him. The reason he had for killing him was he asked him for some hay on credit, and poor Jesse Hill told him he should have it, but when he went there for it, it was refused; so he was greatly disappointed, and he got in a rage over it. This man also accused one of the Hills for stealing hay or grass from his field at Manselton, and he swore that he would have more than that out of them, if it cost him his life. He swore to me he would kill poor Jesse Hill. I said to him at the time I would be against him. But he has come lately again to see me, and we had talked about the murder, and he told me he was about the place on the night from 11 to 12, 1, 2, 3 and 4 o'clock in the morning. I have put it in his own words. This man told me he was over his boots on the night of the murder in water, and close to it, and that made me very suspicious. That is what he told me, and after the murder took place, viz., that he would kill him, and that he had been many nights on the look-out for him. I have been watching the case and his movements all the time. The last thing he had done last Friday night was to put his clothes on fire in the house where he lives ... I am afraid of this man myself. For he knows very well he told me he would kill poor Jesse Hill, and I think he is afraid I will tell about him. He owns a horse and cart, and has been lately working on a farm called Gendros. The supposed murderer is Rhys Davies, Patria-road, Brynhyfryd.

Ac felly ymlaen. Honnodd hefyd fod Rhys Davies wedi llosgi ei esgidiau, oherwydd bod dafnau o waed arnyn nhw. Fodd bynnag, gwadodd David Jones mai ef a ysgrifennodd y llythyr am y lladron bresych ar ran Rhys Davies. Dadleuodd Viner Leeder na fyddai neb yn gofyn i rywun ofalu am ei sach, gyda chorff dyn yn y sach honno. Dywedodd David Jones fod Rhys Davies wedi gadael y sach yn ei siop am bedair awr, gyda chwsmeriaid yn dod yn ôl ac ymlaen drwy'r amser. Roedd yr honiad yn chwerthinllyd, yn ôl Leeder.

Parhawyd y gwrandawiad ar Chwefror 15, a daeth tystion newydd ymlaen. Roedd un o'r tystion hyn, smeltiwr o'r enw John Evans, wedi gweld y sach a gariai Rhys Davies yn siop grydd David Jones ar ddydd Sadwrn, Medi 26, 1896. Roedd y sach yn llawn, meddai, ond ni wyddai beth oedd ynddi. Tyst arall a alwyd oedd Sarah Ann Hill, chwaer-yng-nghyfraith Jesse. Rhyw chwe mis cyn i Jesse Hill ddiflannu, daeth Rhys Davies i'r siop a gadwai'r teulu i ofyn am dunnell o wair ar ymddiriedaeth. Nid oedd ei ŵr, James Hill, yno ar y pryd, ond roedd Jesse yno, a chynghorodd ei chwaer-yng-nghyfraith i beidio â rhoi gwair iddo, gan nad oedd yn rhywun y gellid ymddiried ynddo. Trodd Rhys Davies ar ei sawdl, ac aeth allan.

Galwyd tri thyst arall, a'r un oedd y dystiolaeth. Roedd Rhys Davies wedi dweud wrth y tri, ar wahanol adegau, mai ef a laddodd Jesse Hill. Nid oedd yr un o'r tri yn ei gredu, a dyna pam nad aethant at yr heddlu. Wrth i'r ymchwiliad ynadol barhau ar y diwrnod canlynol, dydd Iau, Chwefror 16, bu nifer o'r plismyn a oedd yn gysylltiedig â'r achos yn dwyn tystiolaeth. Cyflwynwyd sawl tystiolaeth yn ystod yr ymchwiliad ynadol, ond amgylchiadol oedd llawer o'r tystiolaethau hyn. Ar ôl sawl ymddangosiad ger bron yr ynadon, barnwyd bod digon o dystiolaeth ar gael i draddodi Rhys Davies i sefyll ei brawf.

Cynhaliwyd y prawf ym Mrawdlys Morgannwg yng Nghaerdydd ar Fawrth 22, 1899, o flaen Ustus Channell. Plediodd Rhys Davies yn ddieuog i'r drosedd. Ailgyflwynwyd y tystiolaethau a glywyd yn ystod yr ymchwiliad ynadol. David Jones oedd y prif dyst yn yr achos yn erbyn Davies unwaith yn rhagor, a rhoddodd yr un atebion ag a roddodd eisoes wrth gael ei holi. Wrth grynhoi ei ddadleuon ar ran y Goron yn erbyn Davies, dywedodd W. Bowen Rowlands, ar ran yr erlyniaeth, fod stori'r corff yn y sach gefn dydd golau yn stori ryfedd, a dweud y lleiaf, ond nid oedd yn stori amhosib. Yn y pen draw, roedd yr holl achos yn troi o gylch y stori hon. Os oedd y rheithwyr yn derbyn ei bod yn stori wir, dylent farnu Rhys Davies yn euog o ladd Jesse Hill.

Wrth annerch y rheithgor ar ran y diffynnydd, dywedodd B. Francis-Williams na chlywyd erioed stori mor anhygoel â'r stori hon yn holl hanes y gyfraith. Tystiolaeth fregus oedd tystiolaeth David Jones, ac ni ellid condemnio dyn i gael ei grogi ar gorn tystiolaeth ansad o'r fath. A oedd gwrthod gwerthu gwair i Rhys Davies heb dalu amdano yn syth yn rheswm digonol i lofruddio dyn? Ai er mwyn cael yr hanner canpunt a gynigid am ddod o hyd i lofrudd Jesse Hill y cafwyd stori anghredadwy David Jones? A ellid rhoi coel ar dystiolaeth dyn a oedd yn meddwi yn aml, fel y gwnâi David Jones?

Crynhowyd dadleuon y ddwy ochor gan Ustus Channell. Cytunai mai stori anhygoel oedd stori'r corff yn y sach. Beth oedd pwrpas dangos y pen yng ngenau'r sach i David Jones? A oedd Rhys Davies yn gobeithio y byddai David Jones yn rhoi help iddo i gael gwared â'r corff, ac ai dyna pam y dangosodd y pen iddo? Ond ar y llaw arall, darniog a gwasgarog oedd tystiolaeth David Jones ar y gorau. Cyfeiriodd Ustus Channell at un o'r rheini a honnai fod Rhys Davies wedi cyfaddef wrtho mai ef a laddodd Jesse Hill. Roedd nifer o fechgyn yn chwarae criced yn ymyl cae yr oedd Rhys Davies yn ei fedi â phladur ar y pryd. Bwriwyd y bêl i'r cae ac aeth un o'r bechgyn i gael y bêl yn ôl. 'Doedd Rhys Davies ddim yn rhy hapus fod y bachgen wedi tarfu arno, a dywedodd, 'Mi wna' i yr un peth i ti ag a wnes i i Jesse Hill'. A fyddai llofrudd yn cyfaddef ei fod yn euog o lofruddiaeth wrth rywun nad oedd hyd yn oed yn ei adnabod? Rhybuddiwyd y rheithwyr gan Ustus Channell y byddai'n rhaid iddyn nhw fod yn gwbl argyhoeddedig mai Rhys Davies a gyflawnodd y llofruddiaeth, y tu hwnt i unrhyw amheuaeth resymol, cyn y gellid ei gael yn euog. Byddai ei gael yn ddieuog yn gyfystyr â dweud fod y dystiolaeth yn erbyn Rhys Davies yn gwbwl annigonol yn eu tyb.

Gadawodd y rheithgor y llys i ystyried eu rheithfarn. Daethant yn ôl ar ôl pum munud yn unig. Ym marn y rheithwyr, roedd Rhys Davies yn ddieuog o'r drosedd. Torrodd bonllef o gymeradwyaeth drwy'r llys. Ar ôl naw wythnos yn y carchar, tra arhosai am ei brawf, rhyddhawyd Rhys Davies.

Roedd yr heddlu yn argyhoeddedig mai Rhys Davies a lofruddiodd Jesse Hill, ond credai'r cyhoedd yn gyffredinol ei fod yn ddieuog o'r drosedd. Gadawodd Davies Gaerdydd ar y trên. Pan gyrhaeddodd Abertawe roedd tyrfa enfawr o gyfeillion a chefnogwyr yn ei ddisgwyl.

Symudodd Rhys Davies i Dreherbert i fyw ar ôl yr achos. Yno y bu farw ym mis Ebrill 1907, ac wrth i'r *Cambrian* gofnodi ei farwolaeth, atgyfodwyd hanes yr achos yn ei erbyn ryw wyth mlynedd ynghynt. Roedd ysbryd Jesse Hill yn ei ddilyn i bobman.

Felly, beth oedd y gwir? Pwy'n union a lofruddiodd Jesse Hill? Ai Rhys Davies oedd y llofrudd? Roedd stori David Jones yn herio pob hygrededd. Ond mae un darn bach o dystiolaeth ar ôl, ac mae'n dystiolaeth allweddol. Wrth iddo gael ei holi gan Brif Gwnstabl Abertawe am y stordy lle cadwai'r teulu offer a nwyddau, dywedodd Tom Hill mai'r unig rai a wyddai sut i agor clo'r stordy, ar wahân iddo ef ei hun, oedd ei dri nai, William Henry Hill, Charles Hill a Freddy Hill, a phedwar arall, sef David Nantcurvis, James Hill,

Tommy Morris, y gwas-cyflog, a Jesse Hill. Felly, nid dieithriaid a laddodd Jesse Hill, gan na allai neb y tu allan i'r teulu ddatgloi'r stordy. Mae hynny'n awgrymu mai'r ddau nai, William Henry a Charles, a lofruddiodd eu hewyrth. Gan y rhain yn unig yr oedd asgwrn i'w grafu gyda gweddill y teulu, ac roedd y ddau yn gwrthddweud ei gilydd pan gawsant eu holi am eu symudiadau ar y diwrnod y diflannodd Jesse Hill. Credent, efallai, y caent hwythau hefyd ran o'r etifeddiaeth o gael gwared ag un o'r rhai a oedd i dderbyn cyfran o'r etifeddiaeth honno. A beth am gyfoeth ac eiddo Jesse Hill ei hun? A fyddai'r ddau frawd yn cael cyfran o'i eiddo ef?

Os tybiai'r heddlu fod Jesse Hill wedi clywed sŵn yn dod o'r stordy, a'i fod wedi mynd i mewn i'r adeilad i weld beth oedd yn digwydd, neu fod rhywun neu rywrai wedi galw arno o'r tu mewn i'r stordy, ac wedi ei hudo i'w farwolaeth, yna, nid dieithryn na dieithriaid mo'r person hwnnw neu'r personau hynny.

Mae un troednodyn bach arall i'w ychwanegu. Roedd yr anafiadau i gorff Jesse Hill yn erchyll, mor erchyll, yn wir, nes i dditectif o Lundain deithio i Abertawe i archwilio'r achos. Tybient mai 'Jack the Ripper', neu 'Shoni'r Rhwygwr', fel y câi ei alw gan y papurau Cymraeg, a oedd wedi llofruddio Jesse Hill, er mai dyn ydoedd, ac nid menyw. Roedd Rhys Davies yn debyg iawn i rywun a oedd yn byw yng nghymdogaeth Whitechapel yn ystod y cyfnod hwnnw pan oedd 'Jack the Ripper' yn llofruddio puteiniaid yn y modd mwyaf barbaraidd. Fodd bynnag, buan y sylweddolodd y ditectif nad Rhys Davies oedd llofrudd Whitechapel. Yr unig debygrwydd rhwng llofrudd Whitechapel a llofrudd Cwmbwrla yw'r ffaith na ŵyr neb hyd y dydd hwn pwy oedd y ddau lofrudd. Mae'r dirgelwch yn parhau.

10

Y CORFF YN Y GAMLAS

LLOFRUDDIAETH ELIZABETH HANCOCK
Merthyr Tudful, 1898

Ar fore dydd Sul, Tachwedd 6, 1898, gwelodd cychwr o'r enw John Brewer wrthrych tebyg i gorff dynol yn arnofio ar wyneb y dŵr yng Nghamlas Morgannwg ym Merthyr Tudful. O nesáu at y gwrthrych, gwelodd mai corff merch ydoedd. Tynnodd y corff allan o'r dŵr, aeth ag ef i'r lan a galwodd yr heddlu. Gwyddai pwy oedd y ferch er na wyddai beth oedd ei henw iawn. Roedd yn ei hadnabod wrth ei glasenw, 'Lizzie Lamb'. Pan dynnodd hi allan o'r dŵr roedd gwaed yn llifo o'i ffroenau.

Buan y sefydlwyd mai Elizabeth Sinclair oedd enw'r ferch, ac roedd yn bur debygol mai wedi boddi yn nŵr y gamlas yr oedd hi. Ni fyddai hynny'n syndod, oherwydd roedd Elizabeth Sinclair yn gaeth i'r ddiod. Gwyddai'r heddlu amdani yn rhy dda. Fe'i disgrifiwyd hi fel merch lac ei moesau, fel un o'r 'anffodusion'. Ond ai damwain oedd ei marwolaeth? Ai cwympo i'r dŵr yn ei meddwdod a wnaeth, a boddi oherwydd ei bod yn rhy feddw i'w hachub ei hun?

Honnwyd gan ŵr o'r enw Richard Hocking, gweithiwr haearn yng Ngwaith Haearn Cyfarthfa, mai'r person olaf i fod yn ei chwmni ar nos Sadwrn, Tachwedd 5, oedd glöwr ifanc 25 oed o Georgetown o'r enw William Morgan, ac mai ef a wthiodd Elizabeth Sinclair i mewn i'r gamlas. Gwelodd y cyfan. Cafodd William Morgan ei arestio brynhawn dydd Sul, Tachwedd 6, ar y cyhuddiad o lofruddio Elizabeth Sinclair.

Fore dydd Sadwrn, Tachwedd 5, gadawodd Elizabeth Sinclair gartref ei thad ym Merthyr i fynd i Bontypridd. Gwisgai wisg sidan, yn wir, roedd golwg drwsiadus arni pan adawodd y tŷ. Ni pharhaodd hynny'n hir. Dychwelodd i'w llety yn Riverside, Merthyr, tua chwech o'r gloch yr hwyr, ac erbyn hynny roedd yn feddw. Pan adawodd y llety, gadawodd ei gwisg a'i het ar ôl, a cherddodd i Ferthyr yn ei phais yn unig. Fe'i gwelwyd yn cerdded o gwmpas Merthyr yn feddw dwll, a thua chwarter i ddeg o'r gloch, yn ôl tystiolaeth Richard Hocking, roedd yn cerdded ar fin y gamlas gyda dyn. Ymhen ysbaid clywodd y ferch yn dweud 'Os gwnei di hynny, mi wna' i sgrechen'. Wedyn, yn ôl Hocking, fe'i bwriwyd gan y dyn yn ei hwyneb, a chwympodd i'r llawr. Pan oedd ar y llawr, cafodd ei chicio ganddo, ac yna gwthiodd hi i mewn i'r gamlas. Ar ôl munud neu ddau, aeth y tyst at y rhan o'r gamlas lle'r oedd Elizabeth Sinclair wedi cael ei thaflu i'r dŵr. Ni allai weld dim, a dechreuodd ddilyn y llofrudd tybiedig, wrth iddo gerdded i gyfeiriad Georgetown. Roedd yn cerdded ar hyd y bont haearn uwchlaw'r gamlas ar y pryd, ac aeth y tyst ar ei ôl. Tybiai, erbyn hynny, ei fod yn adnabod y llofrudd oddi wrth ei gerddediad. Wrth ei ymlid, gwelodd ferch yr oedd yn ei hadnabod, merch o'r enw Agnes Smith, a gwaeddodd arni i alw'r heddlu, ond ni chymerodd y mymryn lleiaf o sylw ohono. Ar ôl iddo gyrraedd y llofrudd tybiedig, fe'i cyhuddodd o lofruddio'r ferch, ac fe allai brofi hynny, meddai. Gŵr o'r enw William Morgan, rhywun yr oedd yn ei adnabod oddi ar ei blentyndod, oedd y llofrudd. Trodd William Morgan ar ei sawdl, ac aeth y tyst yn ôl at y gamlas, gan obeithio y gallai achub y ferch, ond roedd yn rhy hwyr. Roedd wedi suddo o'r golwg.

Ar ôl i John Brewer ddarganfod y corff, am naw o'r gloch fore dydd Sul, aeth yr heddlu draw at y gamlas. Roedd Elizabeth Sinclair newydd gael ei chodi o'r dŵr, ac roedd y rhingyll-arolygydd, T. Canton, yn ei hadnabod yn syth fel putain leol. Rhyw deirawr a hanner yn ddiweddarach, aeth Richard Hocking i Swyddfa'r Heddlu i ddweud ei fod yn llygad-dyst i'r llofruddiaeth, a'i fod yn gwybod pwy oedd y llofrudd. Arestiwyd William Morgan ar gorn yr hyn a ddywedwyd gan Richard Hocking.

Ymddangosodd William Morgan ger bron llys ynadon Merthyr Tudful ar ddydd Llun, Tachwedd 7, ac yno cafodd ei gyhuddo'n ffurfiol o lofruddio Elizabeth Sinclair. Roedd yn ŵr a chanddo wraig a phlant. Cadwyd William Morgan yn y ddalfa am wythnos, er mwyn rhoi digon o gyfle i'r heddlu i chwilio am ragor o dystiolaeth ac i'r meddygon gynnal eu harchwiliad ôl-farwolaeth ar gorff Sinclair.

Symudwyd ei chorff i wyrcws Merthyr, ac yno y cynhaliwyd yr archwiliad ôl-farwolaeth arni. Agorwyd y cwest ar farwolaeth Elizabeth Sinclair gyda'r nos yn y wyrcws. Dywedodd y Crwner, R. J. Rhys, na fwriadai wneud fawr mwy na sicrhau mai Elizabeth Sinclair oedd y ferch y darganfuwyd ei chorff yn y gamlas. I'r diben hwnnw y galwyd ei thad, William Sinclair, i roi tystiolaeth, a dywedodd nad Elizabeth Sinclair oedd ei henw mewn gwirionedd, ond Elizabeth Hancock. Roedd ei ferch, a oedd yn saith ar hugain oed, yn byw gydag ef ar brydiau oddi ar iddi golli ei gŵr, labrwr o'r enw John Hancock, ryw fis ynghynt. Arferai fyw mewn llety gyda'i gŵr cyn iddo farw. Ni chysgodd Elizabeth yng nghartref ei thad ar nos Wener, Tachwedd 4, ond aeth yno tuag un ar ddeg o'r gloch fore dydd Sadwrn i newid ei dillad. Roedd yn sobor bryd hynny, er ei bod yn diota yn aml. Dywedodd y meddyg, Dr Ward, fod Elizabeth Hancock yn fyw cyn iddi daro'r dŵr, ac mai boddi a wnaeth. Gohiriwyd y cwest am ychydig ddyddiau, er mwyn rhoi cyfle i'r heddlu gasglu rhagor o dystiolaeth.

Ailagorwyd y cwest ar ddydd Gwener, Tachwedd 11. Galwyd ar Richard Hocking. Gofynnodd y Crwner iddo pam na fyddai wedi mynd yn syth at yr heddlu y noson honno, yn hytrach nag aros tan hanner awr wedi dau ar ddydd Sul. Atebodd fod yr holl ddigwyddiad wedi ei gynhyrfu i'r byw, yn enwedig ac yntau'n adnabod y llofrudd.

Rhaid oedd ceisio dilyn symudiadau Elizabeth Hancock a William Morgan ar y nos Sadwrn dyngedfennol honno. Yn ôl Mary Parry, roedd Elizabeth Hancock wedi cael un ddiod yn nhafarn ei mam, yr Heathcock Inn, oddeutu wyth o'r gloch y nos, ac wedi gadael ar ôl yr un ddiod honno. Roedd William Morgan yn yfed mewn ystafell arall yn y dafarn ar y pryd, a gadawodd yntau ryw ddau neu dri munud ar ôl i Elizabeth Hancock adael. Roedd William Morgan yn yfed mewn tafarn arall wedi hynny, a gadawodd y dafarn honno ryw hanner awr wedi naw. Dim ond ychydig funudau a gymerai i rywun gerdded o'r dafarn at y bont haearn uwch y gamlas.

Cafwyd tystiolaeth ryfedd gan gwnstabl o'r enw John Jones. Tua phum munud i ddeg ar y nos Sadwrn honno, clywodd rywun yn curo ar ddrws Swyddfa'r Heddlu. Aeth John Jones i ateb y drws, ac yno roedd William Morgan. Dywedodd fod ganddo wybodaeth ynglŷn ag un o dafarnau Georgetown, ac ar ôl trosglwyddo'r wybodaeth iddo, gadawodd. Roedd wedi cynhyrfu i gyd yn ôl John Jones, a chyfaddefodd ei fod wedi cael gormod i'w yfed. Daeth yn ôl ymhen deng munud i ddweud wrth y cwnstabl fod plismon arall mewn trybini yn ymyl y bont haearn. Aeth y ddau at y bont. Roedd y plismon yno o hyd, a dywedodd ei fod wedi cael trafferth gyda phutain leol, ond aeth ei ffrindiau â hi oddi yno, ac roedd popeth yn iawn. Dywedodd John Jones fod William Morgan yn aml yn helpu'r heddlu, a'i fod wedi gwneud cais i fod yn blismon ei hunan.

Ai chwilio am dystion a allai ddweud ei fod yn rhywle arall adeg y llofruddiaeth yr oedd William Morgan? Os felly, pa well tystion na dau blismon? Cadarnhawyd hynny pan gyflwynwyd tystiolaeth gan aelod arall o'r heddlu. Daeth Hocking a William Morgan wyneb yn wyneb â'i gilydd yn Swyddfa'r Heddlu brynhawn dydd Sul, pan arestiwyd William Morgan. Yn ôl un o'r papurau:

Police-sergeant. T. Canton said he took the statement down in writing. It was as follows: "I am not aware of it. What time was it? I do not know the girl at all." Witness told him it was about twenty minutes to ten on the previous night. He said, "Police-constable Jones saw me at ten o'clock." Witness fetched Hocking into the office, and immediately Hocking saw the prisoner, said, "Yes, that's the man," prisoner said, "You didn't see me last night, Richard." Hocking said. "Yes I did. William, I was talking to you by Hansard's pod stores. Let me see your right hand." At the same time he caught hold of the prisoner's arm, and said, "You had a bandage round your finger last night, only there was more blood on it." There was a lot of rag round the prisoner's fourth finger, and blood had been oozing through it. To this Morgan made no reply.

Yn ystod y cwest, cyflwynwyd canlyniadau'r archwiliad ôl-farwolaeth. Marw trwy foddi a wnaeth Elizabeth Hancock, ac ni welwyd unrhyw arwydd o drais corfforol arni. Hen friwiau yn unig a oedd ar ei chorff. Er hynny, ar ôl trafodaeth hir, cafwyd y rheithfarn fod William Morgan wedi llofruddio Elizabeth Hancock yn fwriadol.

Ym Mrawdlys Morgannwg ganol mis Mawrth 1899, barnwyd bod yr achos yn erbyn William Richard Morgan yn achos dilys i'w ateb. Rhoddwyd William Morgan ar brawf ar Fawrth 18. Y tyst allweddol oedd Richard Hocking, ond a oedd yn dyst dibynadwy? Ceisiodd B.

Francis Williams, ar ran yr amddiffyniaeth, ddarnio'i dystiolaeth. Dywedodd Hocking, yn wreiddiol, fod William Morgan wedi bwrw Elizabeth Hancock yn ei hwyneb cyn ei gwthio i'r dŵr, ond ar ôl i'r archwiliad ôl-farwolaeth brofi nad oedd unrhyw arwydd o drais ar ei chorff, dywedai bellach mai gwthio'r ferch i'r dŵr a wnaeth.

Un o'r pethau mwyaf anghredadwy ynglŷn â'r holl achos oedd hwyrfrydigrwydd Hocking i adael i'r heddlu wybod mai William Morgan oedd y llofrudd. Gofynnodd B. Francis Williams iddo pam na fyddai wedi mynd at yr heddlu yn syth. Atebodd fod ei ddillad yn rhy flêr ar y pryd, esgus tila, fel y nododd B. Francis Williams. Yn raddol, dechreuodd yr achos yn erbyn William Morgan chwalu'n ddarnau. Roedd Hocking wedi honni iddo weld William Morgan yn cicio Elizabeth Hancock cyn iddo'i gwthio i mewn i'r gamlas, ond tystiodd sawl meddyg nad oedd unrhyw arwydd iddi gael ei chicio yn unman ar ei chorff. Roedd ganddi friwiau ar ei hwyneb, ond hen friwiau oedd y rheini. Gofynnodd B. F. Williams i'r barnwr a ellid o ddifri ddwyn achos o lofruddiaeth yn erbyn William Morgan ar sail tystiolaeth fregus ac amheus un dyn. Wrth iddo ymlid William Morgan, aeth Hocking heibio i blismon, ac ni ddywedodd air wrtho am yr ymosodiad ar Elizabeth Hancock.

Roedd anerchiad clo B. Francis Williams mor rymus fel nad oedd modd yn y byd y byddai'r rheithgor yn gyrru William Morgan at y crocbren:

Except for the statement of Hocking, there was no evidence that anyone except the woman and Hocking himself were on the canal bank on that night. If Hocking pushed the woman in himself, what was more likely than that he should try and put the crime on to somebody else when he came to the iron bridge? He did not suggest that Hocking was guilty of the crime, but the circumstances were quite as suspicious against him as against the prisoner. If the prisoner was guilty at all, he was guilty of a wicked, cruel, brutal, and deliberate murder, and he deserved to pay the extreme penalty which a man could pay in this world. Before the jury convicted him or any man they must do it upon trustworthy evidence. If they did so upon the evidence of a scoundrel like Hocking, and condemned the prisoner to a felon's grave, they would never have a quiet night again in their lives, and they would never deserve to have one.

Torrodd bonllef o gymeradwyaeth drwy'r llys llawn wedi i B. F. Williams draddodi ei araith. Roedd y gymeradwyaeth yn fwy byddarol fyth ar ôl i'r barnwr awgrymu bod y dystiolaeth yn erbyn William Morgan yr un mor gryf â'r dystiolaeth yn erbyn Hocking ei hun, ac y gellid rhoi'r naill neu'r llall i sefyll eu prawf am lofruddio Elizabeth Hancock.

Dau funud yn unig a gymerodd y rheithgor i ddyfarnu William Morgan yn ddieuog o lofruddio Elizabeth Hancock. Roedd William Morgan yn ddyn rhydd. Y syndod mwyaf yw iddo orfod sefyll ei brawf am y llofruddiaeth yn y lle cyntaf.

Mewn gwirionedd, roedd Richard Hocking wedi ymddangos o flaen ei well fwy nag unwaith, ond nid fel tyst. Pan oedd yn bymtheg oed, fe'i dedfrydwyd i dair wythnos o garchar am ei ddinoethi ei hun o flaen merch ifanc. Cyfaddefodd hynny yn ystod y prawf. Ofnai, yn naturiol, mai ef a gâi'r bai am lofruddio Elizabeth Hancock pe gwelid cyflwr ei ddillad ar nos Sadwrn y llofruddiaeth, er na ddywedodd hynny yn y llys. Roedd hefyd wedi cael ei ddirwyo ddwywaith am fod yn feddw. Roedd cymeriad William Morgan, ar y llaw arall, yn ddi-fefl, ac roedd y ffaith iddo wneud cais ffurfiol i ymuno â'r heddlu yn brawf diymwad o'i gymeriad da. Roedd Hocking wedi adnabod Elizabeth Hancock ers rhyw ddeng mlynedd neu ragor. Roedd yn gwybod mai hi a waeddodd 'Os gwnei di hynny, mi wna' i sgrechen' oherwydd ei fod yn adnabod ei llais. Nid adnabod ei phryd a gwedd a wnaeth, ond adnabod ei llais. Yn nhwll y gaeaf ac yn hwyr y nos, roedd yn amlwg yn rhy dywyll iddo ei hadnabod o ran pryd a gwedd. Os felly, roedd yn rhy dywyll iddo weld unrhyw beth. Sut y gwyddai fod William Morgan wedi bwrw a chicio Elizabeth Hancock cyn iddo ei llusgo at ochor y gamlas, a'i gwthio i mewn i'r dŵr? Ac os oedd Hocking yn dweud y gwir, pam na fyddai wedi ceisio rhwystro William Morgan rhag ymosod yn gorfforol ar Elizabeth Hancock? Ofnai, meddai, y byddai William Morgan yn ymosod arno yntau yn ogystal. Os felly, roedd Richard Hocking yn gachgi ac yn gelwyddgi.

Y peth mwyaf tebygol yw mai Richard Hocking a lofruddiodd Elizabeth Hancock, ac iddo geisio beio William Morgan ar gam er mwyn achub ei groen ei hun. Bwch dihangol oedd William Morgan. Digwydd bod yn cerdded ar hyd y bont haearn yr oedd William Morgan ar y pryd; nid aeth at y gamlas ei hun, fel y dywedodd wrth yr heddlu, ond gwelodd Hocking ei gyfle. Roedd eisoes wedi ymddangos o flaen ei well am drosedd rywiol, ond nid oedd digon o dystiolaeth yn erbyn Richard Hocking i'w gyhuddo o lofruddio Elizabeth Hancock ychwaith. Llofruddiaeth gymhleth oedd llofruddiaeth y gamlas.

Arferai Camlas Morgannwg gludo haearn a glo mewn cychod hir o Ferthyr i Gaerdydd oddi ar ei chwblhau ym 1798, ond wrth i'r diwydiannau glo a haearn wanhau yn raddol, diflannodd y rhan fwyaf o'r gamlas hefyd. Pan oedd y diwydiannau hyn ar eu hanterth, cyflogid llawer o gychwyr fel John Brewer i lywio'r cychod o Ferthyr yr holl ffordd i Gaerdydd. Caewyd y gamlas ym 1942. Diwedd y gamlas yn unig sydd wedi goroesi, yn yr Eglwys Newydd yng Nghaerdydd, ac yno bellach ceir Gwarchodfa Natur Leol Camlas Morgannwg. Diflannodd y gamlas, a diflannodd y gwirionedd am lofruddiaeth Elizabeth Hancock i'w chanlyn.

11

Y CORFF YN YR AFON

LLOFRUDDIAETH ETHEL ADLAM
Pentre, y Rhondda Fawr, 1902

Noson lawog, dywyll ym mherfedd y gaeaf. Roedd y glaw yn pistyllio i lawr, fel pe bai'n arllwys o grwc. Llifai afon Rhondda Fawr dan bont glofa Tynybedw ar fwy o frys nag arfer; rhuthrai yn un rhyferthwy heibio i gefnau tai Volunteer Street, gan gludo llaid a lludw a llwch glo i'w chanlyn; afon ddu, dywyll, fel y noson ei hun. Rhuai'r gwynt drwy Gwm Rhondda. Roedd y rhan fwyaf o drigolion Pentre yn swatio yn eu tai, a dyna'r peth callaf i'w wneud ar noson mor ddrycinog.

Wrth i'r cloc daro un ar ddeg, dechreuodd Ellen Adlam boeni. 'Doedd ei merch ddim yn arfer aros allan mor hwyr â hyn, er ei bod yng nghwmni ei chariad. Ond roedd hynny hefyd yn peri iddi anesmwytho braidd; yn wir, roedd ar bigau'r drain. Ddwy awr yn gynharach roedd y ddau, ei merch Ethel a'i chariad Tom, yno yn ei chartref hi, yn cweryla â'i gilydd. A oedd rhywbeth wedi digwydd i Ethel?

Daliai i aros. Roedd yn anniddig, yn methu'n lân â byw yn ei chroen. A hithau bellach yn tynnu at hanner nos, roedd yn rhaid iddi wneud rhywbeth. Erbyn hyn, roedd yn sicrach fyth fod rhywbeth wedi digwydd i Ethel. Aeth allan i'r nos. Roedd hi'n dal i fwrw hen wragedd a ffyn. Aeth draw i'r tŷ lle'r oedd Tom Lewis yn byw gyda'i dad gweddw, 15 Volunteer Street, tŷ yn yr un stryd â'i thŷ hi. Yno y gwelodd Tom ac Ethel ddiwethaf. Mwy na thebyg fod y ddau yno o hyd.

Rhedai digwyddiadau'r noson honno, nos Sadwrn, Rhagfyr 27, 1902, yn fyw drwy ei meddwl wrth iddi gerdded drwy'r glaw trwm i gyfeiriad 15 Volunteer Street. Y noson honno, oddeutu naw o'r gloch, daeth Tom Lewis i'w chartref i weld ei gariad. Digwyddodd cweryl enfawr rhwng y ddau, ac er i fam weddw Ethel geisio tawelu'r dyfroedd, methodd yn lân â gweud hynny. Roedd Tom wedi bod yn yfed, ac roedd ar ei ffordd i Westy'r Griffin i yfed rhagor, ond fe'i rhwystrwyd gan Ethel a'i mam rhag mynd yno. Danfonwyd Tom gan y ddwy i'w gartref. Yno, ar y pryd, roedd Edward Lewis, tad Tom, a gwraig o'r enw Mrs Jury, a gadwai dŷ iddo. Ychydig funudau yn ddiweddarach, cyrhaeddodd John Barnett, mab pedair ar bymtheg oed Mrs Jury. Roedd Tom yn feddw chwil, a dechreuodd

gweryla â'i dad. Roedd ar fin taro ei dad pan gamodd John Barnett rhwng y ddau, a gorfodi i Tom eistedd ar y soffa. Awgrymodd Mrs Jury y dylid galw am yr heddlu. Cododd Tom oddi ar y soffa, rhwygodd ddarlun oddi ar y wal a'i daflu ar y tân. Aeth yn ôl i eistedd ar y soffa, ac eisteddodd Ethel yn ei ymyl, i geisio'i dawelu. Eisteddodd ar ei bwys am chwarter awr, nes iddo yn raddol ddod at ei goed. Er bod Tom mewn tymer o hyd, roedd y ffrwgwd rhwng y ddau wedi chwythu heibio am y tro. Aeth Ellen Adlam yn ôl i'w thŷ ei hun. Unwaith y gadawodd, neidiodd Tom ar ei draed a rhuthrodd allan o'r tŷ, gydag Ethel yn dilyn wrth ei gwt. Diflannodd y ddau i dywyllwch y nos, ac o'r ddau, un yn unig a fyddai'n dod yn ôl.

Roedd Ellen Adlam yn ôl yn ei thŷ ei hun, 1 Volunteer Street, ychydig funudau wedi naw o'r gloch. Byddai Ethel yn dod yn ôl tua deg o'r gloch fel arfer. Trawodd y cloc ddeg o'r gloch. Byddai'n cerdded drwy'r drws unrhyw funud. Ond ni wnaeth. Arhosodd am awr arall, a deugain munud arall. Dyna pryd yr aeth draw i gartref Edward Lewis i weld a oedd ei merch yno, ond nid oedd, na Tom ychwaith o ran hynny. Dywedodd Edward Lewis fod y ddau wedi gadael yn union ar ei hôl hi, ac ni ddaethant yn ôl. Ymhle y gallai'r ddau fod ar noson mor arw? Drycinog neu beidio, roedd yn rhaid iddi fynd i chwilio am Ethel.

Aeth allan i chwilio amdani. Cerddodd o stryd i stryd ac o lôn i lôn, ond ni allai weld Ethel yn unman. Aeth yn ôl i'r tŷ. Dywedodd wrth weddill y teulu fod Ethel ar goll, ac aeth ei brodyr a'i chwiorydd, yn ogystal â brawd-yng-nghyfraith iddi, i chwilio amdani.

Tra oedd rhai aelodau o'r teulu yn chwilio am Ethel, aeth ei mam yn ôl i dŷ Tom Lewis yn oriau mân y bore, gan obeithio y byddai Ethel a Tom wedi dod yn ôl erbyn hynny. Y tro hwn aeth ag un o'i meibion, Sidney, gyda hi. Newydd gyrraedd o Gaerdydd tuag un o'r gloch y bore yr oedd Sidney, ac roedd sefyllfa bryderus yn ei ddisgwyl, nid croeso twymgalon.

Nid oedd Tom nac Ethel yno, ac ni wyddai Edward Lewis i ble'r aeth y ddau na ble'r oedden nhw. Aeth Sidney i chwilio am Tom y tu allan, a daeth o hyd iddo yn ymguddio dan gwt ieir yng nghefn y tŷ. Daeth allan yn ddidrafferth, a gofynnodd Sidney iddo a wyddai ble'r oedd ei chwaer. Dywedodd ei bod wedi mynd adref ers peth amser. Dywedodd Sidney wrtho nad oedd hynny'n wir. Aeth y ddau i mewn i'r tŷ. Holodd Sidney eto am ei chwaer. A wyddai ble'r oedd hi. Gofynnodd y fam yr un cwestiwn. Roedd golwg bell ar Tom Lewis, ac fel pe bai mewn breuddwyd, dywedodd fod Ethel yn yr afon. Aeth Sidney a Tom allan o'r tŷ a dechreuodd y ddau gerdded i gyfeiriad yr afon.

Yn y cyfamser, parhâi aelodau eraill o'r teulu a John Barnett i chwilio amdani. Buont yn chwilio amdani am deirawr, ond ni allent ei gweld yn unman. Yna, gwelwyd het wellt ar lan yr afon. Het Ethel oedd hi. Ofnent y gwaethaf a gwireddwyd eu hofnau pan welsant Ethel fel pe bai'n eistedd yng nghanol yr afon, mewn wyth neu naw modfedd o ddŵr, tua chwellath o gyrraedd y lan. Roedd Ethel wedi marw. Yn union fel roedd Tom a Sidney yn cyrraedd yr afon, roedd brawd-yng-nghyfraith Ethel, Watkin Morris, yn codi ei chorff o'r afon ac yn ei roi ar ei orwedd ar y lan. Roedd hanner uchaf ei chorff yn noeth. Roedd Tom Lewis yn crio drwy'r amser ac yn taeru du yn wyn nad oedd yn gyfrifol am ei marwolaeth.

Aeth y brodyr â chorff Ethel yn ôl i dŷ ei mam. Galwyd ar yr heddlu ar unwaith, ac arestiwyd Tom Lewis yn y fan a'r lle, ar yr amheuaeth o fod wedi llofruddio'i gariad. Daeth meddyg i'r tŷ i archwilio'r corff. Roedd crafiadau a briwiau ar gorff Ethel, ar ei hwyneb a'i gwddw yn bennaf. Trawyd yr aelwyd gan alar.

Treuliodd Tom Lewis nos Sul yn y gell yn Swyddfa'r Heddlu ym Mhentre. Fore dydd Llun ymddangosodd ger bron mainc yr ynadon yn Llyfrgell Tonpentre. Wrth ateb y cyhuddiad o lofruddiaeth yn ei erbyn, rhoddodd ei fersiwn ef ei hun o'r hyn a ddigwyddodd ar y noson honno:

We were together by our back door last night, and she said, 'What is the matter with you?' I said, 'Nothing.' She again said, 'What is the matter with you?' She went away from me and said, 'I will do away with myself.' I said, 'You had better come back.' She said, 'No, I won't.' I ran after her and caught her by where Parry was making mortar, and we fell in a hole.

Then she got up and went into the river. She stumbled and fell on her cheekbone. She would not come back, and went into the river about five yards. I asked her, 'What is the matter?' and she said, 'Nothing.' She then fainted away and fell on her face in her two doubles. I lifted her up in my arms and tried to lug her out, but failed, and I left her in the river, with her face up. I was afraid to tell her mother, and I went to the chicken coop.

Roedd yr archwiliad ôl-farwolaeth eto i ddod.

Cynhaliwyd cwest ar farwolaeth Ethel Adlam ar ddydd Mawrth, Rhagfyr 30, ddiwrnod ar ôl i Tom Lewis, glöwr wrth ei alwedigaeth, ymddangos o flaen llys yr ynadon. Galwyd ar Ellen Adlam i roi tystiolaeth. Roedd ei merch, meddai, yn ddwy ar bymtheg oed, a byddai'n ddeunaw ymhen ychydig wythnosau. Bu Tom Lewis a hithau yn canlyn ers rhyw bedair blynedd, er eu bod yn treulio cyfnodau ar wahân bob hyn a hyn. Adroddodd hanes y nos Sadwrn dyngedfennol honno. Tystiodd y fam fod Tom Lewis a'i merch yn hoff iawn o'i gilydd, a dywedodd nifer o'r tystion eraill yr un peth yn union am y ddau.

John Barnett a chyfaill iddo a ddarganfu gorff Ethel, ar ôl gweld ei het ar lan yr afon. Er bod afon Rhondda Fawr wedi gorlifo ei glannau mewn mannau ar ôl y glaw trwm diweddar, roedd y dŵr yn y rhan o'r afon lle'r oedd Ethel ar ei heistedd yn fas iawn, prin ddigon i orchuddio'i fferau.

Dangoswyd dillad ac esgidiau Ethel yn y cwest gan Arolygydd John Williams. Roedd rhannau o'i dillad wedi eu rhwygo, gan gynnwys ei dillad isaf ac un o'i pheisiau. Archwiliwyd y corff ganddo ef a meddyg o'r enw James Clement Reardon. Roedd nifer o grafiadau ar ei hwyneb ac ar ei hochor dde a'i bol. Tystiodd Sidney Adlam fod godre trowsus Tom Lewis yn socian pan gafwyd hyd iddo yn swatio dan y cwt ieir.

Watkin Morris, a oedd yn briod ag un o chwiorydd Ethel, a gododd y corff o'r afon. Roedd Tom Lewis yn crio wedi iddo weld corff Ethel, meddai, a dywedodd: 'Speak, Ethel; say something to me. You are the only one who can set me free'.

Dr James Clement Reardon a gyflwynodd y dystiolaeth feddygol. Cafodd ei alw, meddai, ar fore dydd Sul, ychydig cyn tri o'r gloch y bore, at lan yr afon i gychwyn. Roedd Ethel wedi marw o leiaf awr a hanner cyn i'w chorff gael ei ddarganfod, a mwy na thebyg fod dwy awr wedi mynd heibio. Disgrifiodd ystum y corff. Roedd ei dwy law wedi eu cau'n dynn. Roedd ei gwallt yn wlyb, yn flêr ac yn llawn o dywod, llaid a lludw. Arferai trigolion Pentre daflu lludw i'r afon, er bod hynny yn erbyn y gyfraith. Roedd cleisiau, briwiau a chrafiadau dros ei hwyneb, ei gwddw a rhannau eraill o'i chorff. Mwy na thebyg, meddai'r meddyg, fod y briwiau a'r cleisiau wedi cael eu hachosi wrth i Ethel ymladd am ei bywyd. Gan nad oedd y dŵr yn y rhan o'r afon lle darganfuwyd ei chorff yn ddim mwy na rhyw saith neu wyth modfedd o ddyfnder, roedd yn amlwg fod rhywun wedi ei dal dan y dŵr â'i holl nerth, nes iddi foddi.

Cafwyd Tom Lewis yn euog o lofruddio Ethel Adlam gan y cwest, a throsglwyddwyd yr achos i lys troseddol uwch.

Achos hawdd, felly. Pwy arall a fyddai wedi llofruddio Ethel? Nid marw'n ddamweiniol a wnaeth yn sicr. Roedd rhaff y crogwr yn aros Tom Lewis.

Ymddangosodd Tom Lewis ger bron llys yr ynadon ym Mhontypridd ar Ionawr 7, 1903, ar y cyhuddiad o lofruddio Ethel Adlam. Plediodd yn ddieuog i'r cyhuddiad. Ailadroddwyd y tystiolaethau a glywyd eisoes, ond dywedodd Arolygydd Williams fod esgidiau, sanau a godre trowsus Tom Lewis yn wlyb ar y noson y darganfuwyd corff Ethel yn yr afon, ac felly hefyd lewys ei gôt a'i grys, o'r benelin hyd at yr arddwrn. Mwy fyth o dystiolaeth yn erbyn Tom Lewis. Traddodwyd Tom Lewis i sefyll ei brawf ym Mrawdlys Morgannwg ym mis Mawrth.

Cadwyd Tom Lewis yng ngharchar Caerdydd, hyd nes y cynhelid yr achos yn ei erbyn ym mis Mawrth. Yn y cyfamser, roedd cyfeillion a chydbentrefwyr Tom Lewis yn gweithio'n galed i godi arian i dalu am ei amddiffyniad. Casglwyd arian o ddrws i ddrws, trefnwyd dau gyngerdd i godi arian, ac un gêm bêl-droed. A hyn oll er mwyn achub croen llofrudd. Pam?

Ymddangosodd Tom Lewis o flaen ei well ym Mrawdlys Morgannwg yng Nghaerdydd, ar Fawrth 20. Agorwyd yr achos yn ei erbyn gan W. D. Benson, ar ran yr erlyniaeth. Galwyd ar Ellen Adlam i roi tystiolaeth. Dywedodd fod Tom Lewis yn feddw ar noson y llofruddiaeth. Roedd eisoes wedi cweryla â'i dad pan aeth draw i gartref Ethel. Roedd Edward Lewis, mae'n debyg, wedi dweud rhywbeth anweddus am ei wraig farw, mam Tom, a dyna graidd yr anghydfod rhwng y ddau. Yn ôl yr hyn a ddywedodd Tom Lewis wrth Ellen Adlam, daliai ei dad yn gyfrifol am farwolaeth ei fam.

Roedd bywyd Tom Lewis yn crogi ar edefyn, a gallai'r edefyn droi'n rhaff yn rhwydd. Roedd bywyd gŵr ifanc yn y fantol, ond roedd bywyd un ferch ifanc yn y fynwent ers tri mis. Wedi cyflwyno'r holl dystiolaethau, ac ar ôl holi a chroesholi pob tyst yn drwyadl, daeth yn amser i grynhoi'r holl ddadleuon ynghyd, a chwilio am ateb. Beth yn union a ddigwyddodd ar y noson stormus honno ddiwedd mis Rhagfyr 1902?

Codwyd nifer o ystyriaethau. A oedd Tom Lewis wedi ceisio treisio Ethel? Roedd ei dillad isaf wedi eu rhwygo, ac roedd hanner uchaf ei chorff, o'i gwddw i'w gwasg, yn noeth. Roedd hi'n dywyll fel y fagddu yn y rhan honno o Bentre, heb yr un lamp i oleuo'r nos. A oedd Ethel wedi cwympo i mewn i'r afon yn ddamweiniol, wrth ffoi rhag Tom Lewis, ac wedi ei bwrw ei hun yn anymwybodol? Ai Tom Lewis a'i rhoddodd ar ei heistedd yng nghanol yr afon, a pham?

Dadlennodd y dystiolaeth feddygol fod ôl pwysau bysedd ar wddw Ethel, er i'r amddiffyniaeth geisio anwybyddu'r dystiolaeth hon. Golygai hynny fod rhywun wedi defnyddio ei holl rym i ddal ei phen dan y dŵr, i'w boddi. Gwyddai Tom Lewis fod Ethel yn yr afon. Ceisiodd guddio dan y cwt ieir. Roedd ei ymddygiad wedi ei gondemnio o'r cychwyn cyntaf. Roedd Tom Lewis wedi llofruddio Ethel Adlam, a dyna ben arni.

Amddiffynnwyd Tom Lewis gan B. Francis-Williams. Sut y gallai achub croen y gŵr ifanc hwn, a oedd mor amlwg yn euog o ladd ei gariad? Gwrthododd honiad yr erlynydd mai wedi ceisio treisio

Ethel yr oedd Tom Lewis, a'i fod wedi ei boddi yn ei ddicter a'i ddiod. Yn ôl adroddiad yr *Evening Express* ar yr achos:

The medical men said they would have expected some indications of clutching about the deceased's hands, there would have been marks of fingers on the dead girl, but there was not a tittle of evidence of that kind. Indeed, it went all the other way. Then his friend [yr erlynydd], because the first theory had failed, was driven to the theory that the girl attempted to escape from her lover. But for what? To attempt to escape from either attempted criminal assault or indecent assault! But, was there one tittle of evidence to support the theory? Here, again, the evidence against it was overwhelming. She had been described as a good, virtuous girl, and he did not doubt that she was a good and virtuous girl. If he had tried to criminally assault her or to commit an indecent assault, did they think there would have been no mark upon him, or no scratch upon his face? There was no sign of any assault upon a strong, healthy young woman fighting for her virtue. There was no mark on the girl below the waist. Coming to the motive, he asked, What motive could be suggested? He had shown it would not do to say that this young man wanted to take improper liberties. What other motive was there? They had known each other for years. They had daily opportunities of meeting. As the circumstances of the case showed, the intercourse was unrestrained. He was a lad who had known the girl's family from childhood, and they trusted him unrestrainedly with their daughter and her with him, and, if he wanted to take improper liberties, was this the occasion he would have chosen? He had ample opportunities, and was this wild and rainy wintry night the occasion he would have been likely to select for the gratification of his lust?

Yn ôl yr amddiffynnydd, roedd Tom Lewis wedi ceisio rhwystro Ethel Adlam rhag ei thaflu ei hun i'r afon trwy gydio yn ei dillad, a dyna'r esboniad am gyflwr ei dillad. Nid trais ond trugaredd, ymgais i achub bywyd, nid i ddifa bywyd. Nid oedd gan y rheithgor ddewis ond cael Tom Lewis yn ddieuog o lofruddio Ethel Adlam, meddai.

Tynnodd y barnwr, Ustus Phillimore, sylw at yr anghysondebau yn nhystiolaeth Tom Lewis ynglŷn â marwolaeth Ethel Adlam. Ai ei thaflu ei hun i mewn i'r afon, ynteu ai cwympo i'r afon ar ôl llewygu a wnaeth? Beth oedd y gwirionedd? Fel yr amddiffynnydd, credai'r barnwr y gallai ac y dylai Tom Lewis fod wedi ei hachub.

Wrth annerch y rheithgor, nododd y barnwr nifer o bosibiliadau ynglŷn â marwolaeth Ethel, a rhoddodd ganllawiau cyfreithiol i'r rheithwyr ar yr un pryd. Os oedd Ethel wedi rhedeg at yr afon i gyflawni hunanladdiad, neu i fygwth cyflawni hunanladdiad, ac wedyn wedi boddi yn ddamweiniol, nid oedd Tom Lewis wedi cyflawni trosedd. Credai'r barnwr y gallai Tom Lewis fod wedi achub Ethel, ond nid oedd ei amharodrwydd i'w hachub nac yma nac acw yng ngolwg y gyfraith. Nid oedd llwfrdra neu ddifaterwch o'r fath yn drosedd. Ar y llaw arall, os oedd Ethel wedi rhedeg i mewn i'r dŵr i geisio'i hachub ei hun rhag cael ei threisio gan Tom Lewis, ac wedi boddi yn sgil hynny, roedd Tom Lewis yn euog o ddynladdiad, nid llofruddiaeth. Roedd yn euog o gyflawni llofruddiaeth os oedd wedi ymosod ar Ethel yn gorfforol, a pheri iddi gwympo i mewn i'r afon a boddi, neu os oedd hi wedi cwympo i mewn i'r afon yn ddamweiniol, ac yntau wedi dal ei phen dan y dŵr, a'i boddi.

Cymerodd y rheithgor bron i ddwy awr i benderfynu tynged Tom Lewis. Fe'i cafwyd yn euog o gyflawni dynladdiad, a gofynnodd y pen-rheithiwr i Ustus Phillimore ddangos trugaredd tuag at y carcharor. Roedd cais o'r fath yn un anarferol ac anghyffredin, ac ni allai'r barnwr ddeall pam y gwnaed cais o'r fath, ond ufuddhaodd. Dedfrydodd Tom Lewis i bymtheng mlynedd o garchar gyda llafur caled, ond gyda'r addewid y câi ei ryddhau ar ôl treulio tair neu bedair blynedd yn y carchar pe bai'n ymddwyn yn weddus ac yn foddhaol yn ystod tymor ei garchariad.

Osgôdd Tom Lewis yr arferiad barbaraidd o gael ei grogi. Ond a oedd y gosb o bymtheng mlynedd o garchar yn cyfateb i ddifrifoldeb a maint y drosedd? A beth yn union a ddigwyddodd ar y noson

wyllt honno yng Nghwm Rhondda ganrif a rhagor yn ôl? Roedd Tom Lewis wedi bod yn yfed yn drwm ar y noson. Gwrthododd un dafarnwraig roi rhagor o ddiod iddo, oherwydd ei fod wedi cael hen ddigon. Cwerylodd â'i dad yn ei ddiod, a chwerylodd â'i gariad. Aeth y ddau allan i'r nos. Awgrymodd yr amddiffyniaeth yn ystod yr achos nad oedd yn gwneud synnwyr fod Tom Lewis wedi ceisio ymosod yn rhywiol ar Ethel allan yn y fath dywydd, ac yntau wedi bod yn ei chanlyn ers pedair blynedd, ac wedi cael digon o gyfle dan do i orfodi Ethel i garu gydag ef. Tywydd garw neu beidio, roedd y ffaith fod ei dillad isaf ac un o'i pheisiau wedi eu rhwygo, a bod hanner uchaf ei chorff yn noeth, yn brawf pendant iawn fod ymosodiad rhywiol wedi digwydd. A sut y gallai saith neu wyth modfedd o ddŵr foddi rhywun yn ddamweiniol? Mae'n bosib, ond yn bur annhebygol. Roedd Tom Lewis wedi ymosod arni'n rhywiol yn rhywle ar ôl i'r ddau redeg allan i'r nos, a hithau wedi ymladd yn ei erbyn ac wedi rhedeg i mewn i'r afon neu wedi cwympo i mewn i'r afon wrth geisio dianc rhagddo. Neidiodd yntau i mewn i'r afon ar ei hôl, ac yn ei dymer wyllt a'i feddwdod, daliodd ei phen dan y dŵr, a'i boddi. Yna cafodd ofn a braw, a cheisiodd ei chodi allan o'r dŵr. Ar ganol y gwaith o'i chodi o'r dŵr, sylweddolodd beth roedd wedi ei wneud, dychrynodd, rhedodd i ffwrdd a gadawodd hi ar ei heistedd yng nghanol yr afon. Rhedodd yntau yn ôl ac aeth i guddio dan y cwt ieir. Pe bai Ethel wedi boddi yn ddamweiniol, neu wedi cyflawni hunanladdiad, byddai ei phen o dan y dŵr. Ond roedd Ethel ar ei heistedd yng nghanol y dŵr. Roedd rhywun wedi darganfod pin het Ethel mewn un lle yn ymyl yr afon, a rhywun arall wedi dod o hyd i'w broetsh mewn lle arall, prawf pendant bod tipyn o ymladd ac ymrafael wedi bod rhwng y ddau. Roedd y ffaith fod hanner uchaf ei chorff yn noeth yn cadarnhau hynny. Roedd Ethel Adlam yn ddwy ar bymtheg oed, a Tom Lewis yn un ar hugain. Bu'r ddau'n canlyn ers pedair blynedd, a dechreuodd y garwriaeth pan oedd Ethel yn dair ar ddeg oed, a Tom Lewis yn ddwy ar bymtheg. Ym 1885 y codwyd oedran cydsynio rhywiol i 16 oed. Am dair blynedd, ni châi Tom Lewis gyffwrdd ag Ethel yn rhywiol, yn ôl y gyfraith, ond bellach, a hithau'n codi'n ddeunaw oed, a deimlai Tom Lewis fod yr amser wedi dod iddo ef ag Ethel gael perthynas gnawdol, rywiol, a hithau'n gwrthod cael perthynas o'r fath? Arswyd mwyaf merched ifanc yr oes honno oedd yr arswyd o gael eu gwneud yn feichiog, ac efallai mai amharodrwydd a chyndynrwydd Ethel i gael perthynas gnawdol â Tom Lewis oedd carn y ffrwgwd rhwng y ddau.

Mae afon Rhondda Fawr yn dal i lifo drwy Bentre ar ei ffordd i Donpentre a thrwy nifer o fân bentrefi nes ymuno â'i chwaer, afon Rhondda Fach, ar gyrraedd y Porth. Ond ceir, ac nid cyrff, a deflir i mewn i'r afon erbyn hyn, ac mae ynddi lai o lawer o lwch glo. Hon ydyw'r afon ond nid hwn yw'r dŵr, a'r unig beth sydd ar ôl yn yr afon o'r gorffennol yw dirgelwch yr hyn a ddigwyddodd ar nos Sadwrn, Rhagfyr 27, 1902. Hi'n unig a ŵyr beth a ddigwyddodd, a hi'n unig sy'n cadw'r gyfrinach.

12

Y CORFF AR Y TRAETH

LLOFRUDDIAETH BABAN DIENW

Hen Golwyn, 1905

Yn hwyr y prynhawn ar Fai 9, 1905, roedd y Parchedig G. J. Howson a'i briod yn cerdded yn hamddenol braf ar hyd y traeth yn Hen Golwyn. Roedd blaenllif y tymor ymwelwyr wedi cyrraedd Bae Colwyn a Hen Golwyn. Wrth gerdded ar hyd y traeth, gwelsant becyn ar y lan wedi ei glymu â llinyn. Aethant yn nes at y pecyn. Aeth chwilfrydedd G. J. Howson yn drech nag ef; torrodd y llinyn ac agorodd y pecyn. Cawsant fraw. Ynddo, wedi ei lapio mewn papur brown, roedd corff baban benywaidd. Aeth y ddau i gysylltiad â'r heddlu ar unwaith.

Cynhaliwyd cwest ar gorff y baban ar Fai 11. Profodd y dystiolaeth feddygol fod y baban wedi ei eni yn naturiol, nid yn annhymig, a'i fod wedi byw, rai dyddiau efallai, cyn cael ei lindagu â chortyn. Cafwyd y rheithfarn o lofruddiaeth fwriadol gan berson neu bersonau anhysbys.

Arestiwyd gwraig weddw ddeg ar hugain oed o'r enw Florence Caddy, brodor o Retford yn ymyl Nottingham, ar y cyhuddiad o ladd ei phlentyn newydd-anedig. Ymddangosodd ger bron llys ynadon Bae Colwyn yn fuan ar ôl y cwest. Roedd wedi ei gwisgo mewn du, gan ei bod newydd golli ei thad. Gohiriwyd yr achos hyd ddechrau mis Mehefin, fel y gallai'r heddlu wneud ymholiadau pellach. Rhyddhawyd Florence Caddy ar fechnïaeth. Roedd yn fregus ei hiechyd ac ofnid y byddai cyfnod yn y carchar yn andwyol iddi.

Roedd y newyddion am y cyhuddiad o lofruddiaeth yn erbyn Florence Caddy wedi cyrraedd Retford ac wedi creu cryn dipyn o gyffro. Yn ôl y papur lleol, *The Retford and Worksop Herald*:

The report of last week's proceedings has caused considerable sensation in Retford, where the accused is well-known. Her late husband, Dr. Caddy, obtained a divorce from her some years ago, and was given the custody of the child of the marriage. Soon after the proceedings Dr. Caddy died, and the widow has lived with her parents at The Laurels, Leveston Road, Retford, ever since. Her father, Mr. W. Clater, a tillage-merchant, and ex-Mayor of the borough, died only about a month ago, and the sale of the property is advertised to take place to-day at the

White Hart Hotel. The accused is a fine, handsome woman, of prepossessing appearance. She is a native of Retford, and has lived in the borough nearly all her life.

A dyna beth o gefndir trist ac anffodus y wraig gefnog hon, er na ddywedir popeth amdani. Pam mai yng ngofal y gŵr y rhoddwyd plentyn y ddau ar ôl iddo ef a Florence ysgaru?

Ar ei gwyliau yn Hen Golwyn yr oedd Florence Caddy hefyd, fel y Parchedig G. J. Howson a'i briod. Ond sut y llwyddodd yr heddlu i'w chysylltu hi â'r corff ar y traeth?

Ar ddydd Llun, Mehefin 5, agorwyd yr achos yn erbyn Florence Caddy yn llys ynadon Bae Colwyn gan James Amphlett ar ran yr erlyniaeth. Olrheiniodd symudiadau Florence o'r eiliad y cyrhaeddodd Fae Colwyn ar Fai 8. Wedi iddi gyrraedd gorsaf Bae Colwyn, daeth gŵr o'r enw John Lloyd Jones, teiliwr dillad merched o Landudno, i gyfarfod â hi yno. Roedd John Lloyd Jones wedi trefnu llety ar ei chyfer mewn tŷ o'r enw Bodlawen, Ffordd Cadwgan yn Hen Golwyn. Roedd ganddi ystafell wely ac ystafell fyw fechan iddi hi ei hun. Cyrhaeddodd y ddau Fodlawen mewn cerbyd tua saith o'r gloch yr hwyr, a daeth eu lletywraig, Edith Jones, i gyfarfod â nhw. Tybiai Edith Jones mai gŵr Florence Caddy oedd John Lloyd Jones; dywedodd hithau mai ei brawd-yng-nghyfraith ydoedd, nid ei gŵr, ac roedd hynny'n gelwydd. Dyweddi Florence Caddy ydoedd. Gadawodd John Lloyd Jones y llety mewn digon o amser i gyrraedd gorsaf Hen Golwyn i ddal y trên olaf i Landudno, ychydig cyn deg o'r gloch. Sleifiodd o'r tŷ heb i Edith Jones ei weld. Cyn gadael y llety, aeth i fyny'r grisiau i ystafell fyw neu ystafell wely Florence Caddy. Roedd Florence yn y parlwr ar y llawr isaf ar y pryd. Yn ôl yr erlyniaeth, mynd i fyny'r grisiau i godi'r pecyn a ganfuwyd ar y traeth a wnaeth, sef y pecyn a gynhwysai gorff y baban marw. Ar ôl cyrraedd yr orsaf, cerddodd tua chanllath neu lai oddi yno a thaflodd y parsel ar y traeth. Dyna ddadl yr erlyniaeth. Honnai'r erlynydd hefyd mai John Lloyd Jones oedd tad y plentyn a ganfuwyd ar y traeth.

Y diwrnod wedyn, dydd Mawrth, Mai 9, tua hanner awr wedi un

ar ddeg o'r gloch y bore, aeth Florence Caddy i siopa. Dychwelodd i'r llety o gwmpas amser cinio, ac aeth allan eto, y tro hwn i fynd at y traeth. Daeth yn ôl eto ymhen hanner awr, a chwynodd fod ganddi boen yn ei hochr. Roedd wedi cael llawdriniaeth mewn ysbyty dair wythnos ynghynt, meddai, ond ni ddywedodd pa ysbyty. Daeth John Lloyd Jones i'r llety i'w gweld gyda'r nos. Erbyn prynhawn dydd Mercher, teimlai'n wael, a daeth John Lloyd Jones i'w gweld yn y prynhawn. Gadawodd gyda'r nos, cyn deg o'r gloch. Teimlai Florence Caddy ychydig yn well fore dydd Iau, ond dechreuodd glafychu eto yn y prynhawn. Aeth Edith Jones i'r Swyddfa Bost ar ei chais i anfon brysneges at John Lloyd Jones. Daeth yntau i Fodlawen yn ddi-oed, a gwelodd olwg wael iawn ar Florence. Aeth â hi i fyny'r grisiau i'w hystafell wely, daeth i lawr y grisiau yn ôl at Edith Jones, a gofynnodd am ei chymorth i roi Florence yn ei gwely. Roedd Florence yn wylo'n hidl ar y pryd. Cafodd Edith Jones fraw pan welodd Florence. Credai fod rhywbeth mawr yn bod arni.

Galwyd am feddyg iddi. Cyrhaeddodd y meddyg, Dr David Roberts, a dechreuodd ei harchwilio. Dr Roberts oedd yr un a wnaeth yr archwiliad ôl-farwolaeth ar gorff y plentyn. Buan y sylweddolodd fod Florence Caddy wedi cael plentyn, a gofynnodd iddi a oedd yn bwydo plentyn sugn, a beth oedd oedran y plentyn. Dywedodd fod y plentyn oddeutu deufis oed, ond ni wyddai ble'r oedd. Daeth meddyg arall, Dr Price Morris, i gael golwg arni yn ddiweddarach, a dywedodd wrtho ei bod wedi geni plentyn dri mis yn gynharach, ond nid oedd yn fyw. Daeth bydwraig o'r enw Catherine Kyffin i ofalu amdani. Pan oedd y fydwraig yn cael mymryn bach o orffwys, aeth Enid Jones i eistedd gyda Florence Caddy. Dywedodd wrth ei lletywraig fod colli plentyn yn beth ofnadwy a oedd yn gadael rhywun yn wantan. Gofynnodd Edith Jones iddi ai hynny a oedd wedi digwydd iddi hi. Dywedodd ei bod wedi colli plentyn ar y diwrnod cyn iddi deithio i Hen Golwyn.

Wrth iddi roi tystiolaeth, dywedodd Catherine Kyffin fod Florence Caddy wedi dweud wrthi: 'The doctor said I have been confined, but it is not so. I have had a mishap a week before I came here.' Galwyd yr heddlu i mewn gan David Roberts. Roedd rhyw ddrwg yn y caws. Yn un peth, roedd Florence Caddy yn dweud pethau gwahanol wrth bawb, ac yn ei gwrth-ddweud ei hun yn aml. Ai plentyn Florence oedd y plentyn ar y traeth? Aeth rhingyll gyda'r heddlu o'r enw Henry Jones Rees draw i Fodlawen i chwilio am unrhyw flewyn o dystiolaeth a allai gysylltu Florence Caddy â'r plentyn marw. Aeth Henry Jones Rees a Catherine Kyffin i ystafell wely Florence i chwilota drwy'i heiddo, a chymerwyd nifer o bethau oddi yno, gan gynnwys planced a oedd ar waelod y gist bren. Roedd y blanced yn socian o waed. Roedd smotyn o waed hefyd ar waelod y gist.

Ar Fai 13, roedd chwaer Florence Caddy wedi cyrraedd Hen Golwyn, ac aeth i'r llety i'w gweld tua naw o'r gloch y nos. Gofynnodd i Catherine Kyffin a gâi air gyda'i chwaer ar ei phen ei hun, ond gwrthododd y fydwraig. Roedd y chwaer wedi clywed bod Florence wedi rhoi genedigaeth i blentyn, ond ni chredai hynny. Atebodd Florence trwy ddweud mai colli plentyn a wnaeth, a hynny ar y dydd Sul cyn iddi deithio i Hen Golwyn y diwrnod wedyn.

Ar ail ddiwrnod yr achos holwyd Dr David Roberts i ddechrau. Aeth yn ôl at y noson honno pan alwyd amdano i gael golwg ar Florence Caddy:

On Thursday night, May 11th, at 8.45, I was summoned to attend Mrs. Caddy at Bod Lawen. She was in bed. I asked her what was the matter, and she said she was very ill. I examined her, after which I asked how old her baby was. She said "Two months." "No," I said, "it is much more recent than that. Where is the child?" She said, "I don't know." My further examination showed convincing signs of recent and natural childbirth.

The Chairman: What do you mean by recent?

Dr. Roberts: A few days. I don't think it is possible in this case to give the exact day. Later, in the landlady's presence, I asked the accused how old the baby was, and she said "Three months." I asked where the child was, and she made no reply. She was not at all delirious.

Ni allai ddweud i sicrwydd pa bryd y bu farw'r plentyn, ond roedd yn sicr fod Florence Caddy wedi rhoi genedigaeth i'r plentyn rywbryd o fewn y pum niwrnod diwethaf, a gallai'r plentyn hefyd fod wedi marw ers ychydig ddyddiau. Tyngodd y meddyg ar ei lw fod y plentyn wedi ei eni yn naturiol ac yn gyflawn, a'i fod wedi anadlu cyn iddo gael ei lindagu. Hefyd roedd ôl meconiwm ar ei gorff ac ar y papur brown, baw cyntaf baban ar ôl iddo gael ei eni, prawf arall ei fod wedi ei eni yn naturiol. Roedd llinyn y bogail yn naw modfedd o ran hyd, ac wedi ei dorri yn anghelfydd ar ôl dwy ymdrech. 'Doedd dim llaeth na dŵr y môr yn y stumog, hynny'n profi nad y môr a'i cariodd i'r traeth. Roedd y plentyn hefyd wedi cael bodolaeth ar wahân i'r fam, hynny yw, roedd wedi cael ei eni ac wedi bodoli ar wahân i'r fam pe bai ond am ychydig funudau (o'i gymharu â phlentyn yn y groth, sydd ynghlwm wrth y fam, fel nad oes ganddo fodolaeth ar wahân iddi). Ni allai honni am eiliad mai Florence Caddy oedd mam y plentyn y cafwyd ei gorff ar y traeth. Ceisiodd amddiffynnydd Florence, F. J. Gamlin, ddod o hyd i dyllau yn ei dystiolaeth, oherwydd iddo newid ei feddwl ynglŷn â rhai manylion yn ei adroddiad, ond ni lwyddodd yr amddiffynnydd i'w fwrw oddi ar ei echel.

Cadarnhaodd Dr Price Morris fod tystiolaeth David Roberts yn gywir. Roedd yntau hefyd yn argyhoeddedig fod Florence Caddy wedi esgor ar blentyn rywbryd yn ystod y pum niwrnod diwethaf. Yn ôl un adroddiad ar yr achos:

... he noted that Mrs. Caddy's child had been born five or six days prior to his examination on the evening of May 11th. He was convinced that such was the case. The accused told him that she was a widow and that there was one child of the marriage. She also said she had a baby two months ago. He told her that could not be the case, as she must have given birth to a child within a week. She made no reply. When asked how long the child had lived, she answered "An hour." He asked her where she had been confined, and he understood her at the time to say "Wrexham," but it might have been "Retford." She added that she had not been attended, by a doctor or a nurse.

A dyna daflu peth goleuni ar yr enedigaeth. Mae'n bur sicr mai 'Retford' a ddywedodd, ac mae'r cyfaddefiad iddi eni'r plentyn heb gymorth meddyg na bydwraig yn allweddol.

Mewn ffordd, 'doedd dim angen archwiliad meddygol ar gorff y plentyn i brofi ei fod yn fyw pan laddwyd ef. Roedd y ffaith fod ôl llindagiad yn amlwg ar wddw'r plentyn yn ddigon o brawf ei fod yn fyw. Ni fyddai neb yn llindagu plentyn marw. Llofruddiaeth fwriadol oedd llofruddiaeth y plentyn ar y traeth, heb unrhyw amheuaeth.

Tystiodd Henry Jones Rees, sef y rhingyll a aeth i chwilota drwy eiddo Florence Caddy gyda Catherine Kyffin, fod y blanced a gafwyd yn y gist yn socian gan waed. Hefyd roedd pedair pluen wen wedi glynu wrth y blanced, ac roedd un bluen wen wedi glynu wrth y papur brown a oedd wedi cael ei lapio am gorff y baban.

Galwyd John Lloyd Jones i roi tystiolaeth. Roedd wedi adnabod Florence Caddy ers nifer o flynyddoedd. Arferai ymweld â Llandudno yn aml. Roedd Florence Caddy ac yntau wedi dyweddïo yn ystod haf y flwyddyn flaenorol. Dywedodd na wyddai fod Florence yn feichiog. Gwahoddodd hi i Hen Golwyn i gael cyfnod o orffwys gan nad oedd ei hiechyd yn arbennig o dda oddi ar iddi golli ei thad, ac i wneud y trefniadau ynglŷn â'u priodas. Cafodd ei groesholi gan yr erlynydd:

Mr Amphlett: Did not Mrs Caddy tell you about her illness.

Witness: Yes. When she arrived, on the Sunday [sic: dydd Llun] she told me that she had had a miscarriage on the previous day.

Mr Amphlett: And yet she travelled the next day all the way to Old Colwyn, although there was no immediate hurry.

Witness: She had arranged to come, and she told me she thought she would be all right, in a few days.

Mr Amphlett: But you know you expected her to be an invalid when you engaged the rooms on Friday.

Witness: Yes.

Mr Amphlett: In your conversation with Dr. Roberts you said you knew there was considerable trouble.

Witness: Yes.

Ac ar hynny, gohiriwyd yr achos tan y diwrnod canlynol.

Parhawyd i holi John Lloyd Jones ar drydydd diwrnod yr achos. Fe'i holwyd gan ei amddiffynnydd, F. J. Gamlin. Y tro hwn dywedodd ei fod yn adnabod Florence Caddy oddi ar 1899, a'u bod wedi dyweddïo â'i gilydd oddi ar fis Hydref y flwyddyn flaenorol. Gwadodd mai ef a ddododd gorff y plentyn ar y traeth. Cyn iddi gyrraedd Hen Golwyn, roedd Florence Caddy wedi dweud wrtho fod anhap wedi digwydd iddi, er na wyddai John Lloyd Jones beth yn union a olygai wrth 'anhap'. Pan ddywedodd Dr David Roberts wrtho fod Florence Caddy wedi esgor ar blentyn, ni holodd un dim am y plentyn am y rheswm syml, meddai, nad oedd yn credu ei bod wedi rhoi genedigaeth i blentyn.

Ac yna, ar y trydydd diwrnod, daeth tro dramatig. Cododd F. J. Gamlin ar ei draed a dywedodd fod llofruddiaeth y plentyn wedi digwydd y tu allan i gylch awdurdod y Fainc, ac felly, nid o flaen ynadon Bae Colwyn y dylai fod wedi ymddangos ond o flaen llys ynadon yn Swydd Nottingham. Ar ben hynny, 'doedd dim tystiolaeth o gwbwl i gysylltu Florence Caddy â'r corff ar y traeth. Dywedodd James Amphlett mai erlyniaeth ar ran y Trysorlys oedd hwn, i benderfynu a oedd digon o dystiolaeth ar gael i roi Florence Caddy ar brawf ger bron llys barn, ac os oedd y Fainc o'r farn mai yn Swydd Nottingham y cyflawnwyd y llofruddiaeth, dylai sefyll ei phrawf ger bron Brawdlys Swydd Nottingham ac nid Brawdlys Sir Ddinbych. Ar ôl trafod y mater am dri chwarter awr, penderfynwyd nad oedd modd bwrw ymlaen â'r achos. Rhyddhawyd Florence Caddy. Roedd Is-Brif-Gwnstabl Nottingham wedi bod yn gwrando ar yr achos yn erbyn Florence Caddy, a sicrhaodd y llys y byddai'n cyflwyno'r holl dystiolaeth ynglŷn â'r achos ger bron y Trysorlys, ac yn gadael y cyfrifoldeb o gymryd camau pellach gyda swyddogion y Trysorlys. Ond ni ddaeth dim pellach o'r mater. Ai Florence Caddy a lofruddiodd y plentyn? Roedd y dystiolaeth yn ei herbyn ar y pryd yn rhyfeddol o gryf. Dywedodd bethau hollol wahanol wrth y meddygon, y fydwraig a'r lletywraig. Dywedodd fod ei phlentyn yn ddau fis oed, yn dri mis oed, yn ogystal â honni bod ei chorff wedi erthylu'r plentyn. Ni wyddai beth i'w ddweud wrth y meddygon. Roedd Florence Caddy yn nerfus ac yn wantan pan gyrhaeddodd Hen Golwyn, ac nid rhyfedd hynny. Roedd yn llegach yn gorfforol ar ôl geni'r plentyn, roedd yn galaru ar ôl ei thad ac yn teimlo baich o euogrwydd ar ôl iddi lofruddio'i baban – tryblith o emosiynau mewn gwirionedd, llesgedd corfforol a gwendid meddyliol.

Wedi lladd ei phlentyn, fe'i rhoddodd ar waelod y gist bren a oedd yn cynnwys ei heiddo personol ar gyfer ei harhosiad yn Hen Golwyn. Roedd y blanced waedlyd a'r smotyn o waed ar waelod y gist yn dystiolaeth hollbwysig. A dyna'r plu a oedd wedi glynu wrth y blanced a'r papur brown, tystiolaeth ddamniol arall o safbwynt Florence Caddy.

Mae'r enedigaeth ei hun yn codi nifer o gwestiynau. Ymhle y rhoddodd enedigaeth i'w phlentyn? Nid yn y llety yn Hen Golwyn yn sicr. Nid oedd yr un diferyn o waed yn ei hystafell wely. Felly, yn rhywle arall yr esgorodd ar blentyn. Ond ymhle? Nid yn ei chartref yn sicr. Roedd Florence, ar ôl ei hysgariad, yn byw gyda'i rhieni, hyd at farwolaeth ei thad. Onid oedd aelodau o'i theulu wedi sylwi ei bod yn feichiog? Yn wir, a oedd ei theulu yn gwybod hyd at sicrwydd ei bod yn feichiog? A oedd wedi cael ei hanfon i rywle cuddiedig, cyfrinachol i roi genedigaeth i'r plentyn? Mae'n rhaid cofio mai teulu parchus a chymdeithasol-uwchraddol oedd y teulu hwn. Bu'r tad yn un o gyn-feiri bwrdeistref Retford. Byddai'r ffaith fod Florence wedi rhoi genedigaeth i blentyn y tu allan i briodas wedi bod yn ergyd andwyol i barchusrwydd ac enw da'r teulu, ac o safbwynt Florence, gwell angau na chywilydd.

Roedd un peth yn sicr. Roedd Florence wedi rhoi genedigaeth i blentyn cyn cyrraedd Hen Golwyn. Maentumiai'r meddygon fod y plentyn tua phum niwrnod oed pan gafodd ei lofruddio. Os oedd yn

bum niwrnod oed yn union, cafodd ei eni ar Fai 3 neu Fai 4, efallai. Mae'n rhaid bod Florence Caddy wedi dweud popeth wrth John Lloyd Jones, ac wedi gofyn iddo ei helpu i gael gwared â'r corff. Aeth John Lloyd Jones i weld Edith Jones i drefnu llety ar gyfer Florence ar Fai 5, yn union ar ôl y llofruddiaeth. A mwy na thebyg mai hyn a ddigwyddodd. Ni allai hi gael gwared â'r corff ar ei phen ei hun yn Retford. Gadawodd i John Lloyd Jones, tad y plentyn, wybod beth yr oedd wedi ei wneud. Trawyd ar gynllun: gosod y corff bychan ar waelod y gist bren, a theithio ar y trên i Hen Golwyn. Byddai yntau, John Lloyd Jones, yn cael gwared â'r plentyn ar y cyfle cyntaf, a gwnaeth hynny ar y noson y cyrhaeddodd Florence Caddy. Sleifiodd allan o'r llety ar frys. Ni welodd Edith Jones mohono'n gadael. Caniataodd ddigon o amser iddo'i hun i osod corff y plentyn ar y traeth, neu ei daflu ar y traeth. Gwnaeth hynny ar nos Lun, Mai 8. Darganfuwyd y corff y diwrnod wedyn, ar ddydd Mawrth, Mai 9. Pe bai'r corff wedi cael ei osod ar y traeth cyn nos Lun, byddai rhywun wedi ei ddarganfod, felly, ar nos Lun y rhoddwyd y corff ar y traeth. Gobeithiai John Lloyd Jones y byddai'r môr ar ei benllanw yn llyncu'r corff bychan, ond ni ddigwyddodd hynny. Aeth Florence Caddy am dro i'r traeth ar ddydd Mawrth, Mai 9, y diwrnod ar ôl iddi gyrraedd Hen Golwyn. Aeth yno ar ôl cinio. Roedd y pecyn brown ar y traeth o hyd, heb ei ddarganfod, pan aeth am dro. Ai mynd i'r traeth i weld a oedd y corff yno o hyd a wnaeth? Teimlai'n wael pan ddychwelodd i'r llety. Ai gweld y corff ar y traeth a oedd wedi tarfu arni yn y fath fodd?

Dyma ran o dystiolaeth Richard Huw Owen, y cwnstabl a aeth i weld y corff ar ôl i'r Parchedig G. J. Howson a'i briod hysbysu'r heddlu ynghylch yr hyn a welsant ar y traeth:

About six o'clock on the evening of May 9th, in consequence of information received, I proceeded to the shore at Old Colwyn, at a point about seventy yards the other side of Old Colwyn station. There I found the dead body of a female child loosely wrapped up in brown paper. It was not fastened with a string. I examined the body, and found marks of strangulation around the child's neck as if a string had been twice tied around it.

Cadarnhaodd y meddygon, wrth gwrs, mai wedi cael ei lindagu yr oedd y plentyn, ond y peth hollbwysig ynglŷn â'r dystiolaeth hon yw nodi ymhle yn union y cafwyd hyd i'r corff, sef 70 o lathenni o gyrraedd yr orsaf lle y daliodd John Lloyd Jones y trên olaf i Landudno. Ni chymerai fawr o amser iddo i gerdded ar hyd y traeth am 70 o lathenni, gadael y pecyn yno, a brysio'n ôl i ddal y trên. Roedd Florence Caddy a John Lloyd Jones yr un mor euog â'i gilydd o gyflawni llofruddiaeth a cheisio claddu'r dystiolaeth.

Priodwyd Florence Caddy a John Lloyd Jones yng Nghonwy gyda thrwydded arbennig ar ddydd Llun, Mehefin 26, 1905, cwta bythefnos ar ôl rhyddhau Florence. Roedd mam a chwaer Florence yn bresennol yn y briodas yn Swyddfa'r Cofrestrydd. Ar wahân i'r fam a'r chwaer, ac un cyfreithiwr, nid oedd neb arall yn bresennol yn y briodas. Ai mam Florence a fynnodd fod y ddau'n priodi, rhag ofn i rywbeth fel hyn godi eto? A oedd hi'n bresennol yn y briodas yn unswydd er mwyn sicrhau bod John Lloyd Jones yn priodi ei merch? 'Priodas hynod' y galwyd y briodas gan *Yr Herald Cymraeg*. Priodas hynod ac achos hynod. Ond os oedd John Lloyd Jones yn barod i briodi Florence Caddy ar ôl genedigaeth a llofruddiaeth y plentyn, ac ar ôl yr achos llys, pam na fyddai wedi ei phriodi pan oedd yn disgwyl y plentyn?

Priodas gudd, gyfrinachol, priodas yn y dirgel, oedd priodas John Lloyd Jones a Florence Caddy, gweithred yn y dirgel fel y weithred gudd, gyfrinachol a gyflawnwyd gan y ddau yn Hen Golwyn ym mis Mai 1905.

13

Y CORFF YN Y LLETY

LLOFRUDDIAETH ALEXANDER E. NASH

Gilfach-Fargoed, 1906

Bythefnos wedi iddo golli ei wraig, penderfynodd Alexander Ellis Nash, gŵr cefnog 56 oed o Hove, Brighton, y byddai'n treulio cyfnod o orffwys yn Ne Cymru, nid er mwyn cael cyfle i fwrw'i alar am ei wraig yn unig, ond er lles ei iechyd bregus yntau yn ogystal. Roedd Alexander Nash yn ŵr claf ac yn llawer rhy wantan i wneud dim drosto'i hun, ac roedd wedi cyflogi nyrs o'r enw Alice Emily Woodward i ofalu amdano, bedair awr ar hugain y dydd.

Cyrhaeddodd y ddau orsaf Pen-gam tua naw o'r gloch yr hwyr, nos Fawrth, Gorffennaf 17, 1906. Cerddodd y ddau i'w llety, 27 Gwerthonor-place, Gilfach-Fargoed, gydag Alexander Nash yn pwyso ar fraich Alice Woodward. Ar ôl cyrraedd y llety, aeth Nash yn syth i'w wely. Tua thri o'r gloch y bore, clywodd Alice Woodward sŵn pesychu uchel a chras yn dod o ystafell Nash; rhuthrodd i'w ystafell a rhoddodd ddiferyn o wisgi iddo. Erbyn hanner awr wedi wyth o'r gloch y bore wedyn, gorweddai yn anymwybodol yn ei wely, a galwyd ar feddyg lleol, Dr Daniel J. Thomas, i gael golwg arno. Bu farw tua hanner awr wedi hanner dydd.

Cynhaliwyd cwest ar farwolaeth Alexander Nash yng Ngwesty'r Gwerthonor, Gilfach, ar ddydd Sadwrn, Gorffennaf 21. Adnabuwyd y corff gan y Parchedig W. Cunningham McLaren, nai Alexander Nash. Dywedodd mai gŵr a oedd yn byw ar ei bwrs ei hun oedd ei ewyrth. Ni wnaeth yr un swydd o waith yn ei fywyd. Collodd ei wraig ar y pedwerydd dydd o Orffennaf, 1906. Roedd y Crwner Rhanbarthol, R. J. Rhys, yn methu'n lân â deall pam y daeth Alexander Nash i Gilfach-Fargoed o bob man dan haul i orffwys ac i chwilio am rywfaint o adferiad iechyd. Gofynnodd i McLaren a oedd hynny wedi ei synnu. 'Not exactly, because he was a man who had roughed it a great deal abroad, in Australia,' oedd yr ateb. Wedi'r cyfan, nid Llandudno na Phenrhyn Gŵyr oedd Gilfach-Fargoed!

Gofynnodd y Crwner i McLaren pwy a fyddai'n etifeddu holl gyfoeth ac eiddo ei ewyrth. Atebodd yntau mai ei fam a'i chwiorydd a fyddai'n elwa yn bennaf o'i farwolaeth.

Galwyd ar Alice Woodward i roi tystiolaeth. Roedd yn nyrs

hyfforddedig, a hi a fu'n gofalu am wraig Alexander Nash yn ei salwch olaf. Bu'n gofalu amdani am dair wythnos cyn ei marwolaeth, ac ar ôl hynny, penderfynodd aros gydag Alexander Nash, i ofalu amdano yntau yn yr un modd. Meddyg ei chyflogwr yn Brighton oedd Dr Grune, a rhoddodd iddi ragnodyn o'r feddyginiaeth y dylai Alexander Nash ei chymryd, ond ni ddaeth ag unrhyw foddion gyda hi o Brighton. Gofynnodd y Crwner eto pam y dewisodd Alexander Nash ddod i Gymru i orffwys. Roedd yn awyddus i ddod i Gymru, atebodd, ar ôl iddi hi gymeradwyo ardal Gilfach-Fargoed iddo. Rhyw dair blynedd ynghynt, daethai â chlaf i'r ardal, a gwnaeth yr ymweliad hwnnw fyd o les iddo, meddai. Gobeithiai y gwnâi les i Alexander Nash yn ogystal. Dywedodd fod Alexander Nash yn bwyta'n dda, a'i fod yn yfed wisgi gyda'i brydau bwyd, ac weithiau rhwng prydau.

Dywedodd y meddyg, Dr D. J. Thomas, fod Alexander Nash yn agos iawn at farwolaeth pan gyrhaeddodd y llety, ac ni allai wneud fawr ddim byd iddo. Cynhaliwyd yr archwiliad ôl-farwolaeth ganddo ef a meddyg arall, H. T. Evans. Roedd organau'r corff mewn cyflwr iach, heb unrhyw arwydd o haint, ond byddai'n rhaid anfon yr organau a'r coluddion mewn poteli at ddadansoddwr y Swyddfa Gartref i'w harchwilio. Anfonodd Dr Thomas lythyr at feddyg Alexander Nash i ofyn iddo beth a allasai fod wedi achosi marwolaeth ei glaf. Cafodd frysneges yn ôl: 'Death of Mr. Nash occurred under very suspicious circumstances. The Coroner should be informed,' a chysylltodd Dr Thomas â'r Crwner ar unwaith. Yn union cyn iddo ddod i mewn i'r ystafell i roi tystiolaeth, rhoddodd y Parchedig W. Cunningham McLaren lythyr yn llaw Dr. Thomas, a rhoddodd yntau'r llythyr i'r Crwner. Llythyr oedd hwnnw gan gyfaill i Alexander Nash, Dr W. T. Clarke o Twickenham. Roedd y llythyr yn honni bod dyddiau Alexander Nash wedi eu rhifo, ac mai marw o achosion naturiol a wnaeth, heb unrhyw amheuaeth. Ond bwrw amheuaeth ar y llythyr a wnaeth R. J. Rhys. 'Doedd dim dyddiad ar y llythyr, ac nid yn Twickenham yr oedd Alexander Nash yn byw ar y pryd.

Tipyn o ddirgelwch oedd yr achos ym marn y Crwner:

I don't like to say anything about this case. I mean, I don't want to hurt anybody's feelings, but here comes a man from a strange place to Bargoed; he is found in a dying condition, and the doctor found the organs healthy. I was rather hoping that there would have been found signs of haemorrhage in the brain to show that death was due to apoplexy.

Gohiriwyd y cwest tan Fedi 12, er mwyn rhoi digon o amser i'r meddyg arbenigol archwilio'r organau a'r coluddion a llunio'i adroddiad.

Erbyn Medi 12, roedd yr achos wedi ennyn cryn dipyn o ddiddordeb yn Ne Cymru, oherwydd mai menyw a amheuid o ladd ei chlaf a'i chyflogwr, ac nid dyn. Dynion, ac nid aelodau o'r rhyw deg, a gyflawnai lofruddiaeth gan mwyaf. Ymddangosodd lluniau o'r gwahanol bobol a oedd yn gysylltiedig â'r achos yn y papurau: Dr D. J. Thomas, Arolygydd T. Davies, ac Alice Woodward. Roedd yr achos wedi cyrraedd papurau Gogledd Cymru hyd yn oed. Meddai'r *Faner*:

> Y mae amgylchiadau yr achos, fel y rhoddwyd hwy yn yr ymchwiliad cyntaf, yn rhai hynod. Yn ôl yr hyn a ddywedai y Parch. William Cunningham McLaren, Cornwall Street, Pimlico, nid oedd Mr. Nash, yr hwn oedd yn ewythr iddo, wedi bod yn dda ei iechyd, ac yr oedd yn meddwl fod pawb am ei gael oddi ar y ffordd. Ar ôl i'w wraig farw, ar y 4ydd o Orphenaf, yr oedd Mr. Nash wedi byw ar arian ymddiriedaeth; a thrwy ei farwolaeth, meddai Mr. McLaren, byddai ei fam ef (y tyst), a chwaer arall Mr. Nash ar eu mantais.

Pwy'n union oedd y 'pawb' a fynnai ei gael oddi ar y ffordd?

Yn y cyfamser roedd adroddiad Syr Thomas Stevenson, dadansoddwr y Swyddfa Gartref, wedi cyrraedd y Crwner, ond ni fwriadai ddatgelu cynnwys yr adroddiad hyd nes y byddai'r cwest yn parhau. Y ddau dyst cyntaf a alwyd, y naill ar ôl y llall, oedd John Walters a Sarah Jane Walters, perchnogion y llety lle bu farw

Alexander Nash. Gofynnwyd iddyn nhw a oedd gwydryn neu lestr wrth ochor y gwely pan aethant i mewn i'r ystafell ar y bore y bu farw eu gwestai. Ystyried y posibiliad mai wedi cael ei wenwyno i farwolaeth yr oedd y Crwner. Dywedodd y ddau na welsant ddim byd wrth ochor y gwely. Sut, felly, yr yfodd y wisgi, gofynnodd y Crwner eto. Roedd Alice Woodward wedi paratoi'r wisgi iddo mewn potel fechan ymlaen llaw, ac wedi gadael y botel wrth erchwyn y gwely. Gofynnodd i Sarah Jane Walters a allai Alice Woodward fynd i mewn i'w blwch o eiddo personol y noson honno. Atebodd y gallai. A oedd gan Alice Woodward unrhyw feddyginaeth gyda hi? Ni welodd Sarah Jane Walters unrhyw foddion ganddi. Roedd y Crwner yn drwgdybio Alice Woodward, fel yr unig un a allai fod wedi rhoi moddion iddo.

Ac ar Alice Woodward y galwyd wedyn. Cafodd ei chroesholi'n drwyadl gan y Crwner. Byr ac unsillafog oedd ei hatebion hi:

> You told us at the first sitting that you gave Mr. Nash some whisky about three a.m. Mrs. Walters told us that it was already mixed for him the previous night?
> Yes.
> There was nothing in it?
> No; equal parts.
> How long had you been attending on the family?
> A little over three weeks.
> Then after his wife died you attended him?
> Yes.
> Was he in the habit of taking any medicine?
> Yes.
> Given him by Dr. Grune?
> Yes.
> Did you bring anything in the way of medicine?
> No, nothing whatever.
> Would it be possible for this man to have any drugs whilst under your supervision?
> No.

I want you to be careful.

No, I don't think so.

You brought no medicine?

No, excepting what the woman put in my bag; a little whisky.

You had no drug?

No.

Had you given any drug?

No.

And you say that you do not think Mr. Nash could have been in possession of a drug without your knowledge?

Yes.

Did you ever give a chloral draught?

Yes.

In what form?

A chloral draught.

No other form?

No.

Did you ever administer a chloral draught to Mr. Nash?

Never.

Upon no occasion?

No.

What salary were you getting?

Two guineas a week.

Was that under or over the usual remuneration in your profession?

Oh, no; a trained nurse gets about two guineas a week.

Do you know what money he brought with him from Brighton?

Oh, yes. He had £40 – a bank-note – and £10 in gold of which he took £5, and gave me £5 to come down.

Galwyd wedyn ar Mr Willcock, dadansoddwr swyddogol y Swyddfa Gartref. Aeth Syr Thomas Stevenson yn wael ganol Awst, a phenodwyd Willcock yn ei le i archwilio organau a choluddion Alexander Nash.

Roedd Nash ei hun wedi ei gladdu ers rhai wythnosau. Ar ddechrau Awst, cyrhaeddodd blwch a gynhwysai bum llestr ac ynddyn nhw rannau o gorff Alexander Nash swyddfa Syr Thomas Stevenson. Tra oedd Willcock wrth ei waith yn dadansoddi'r gwahanol rannau hyn o'r corff, gwellhaodd Syr Thomas Stevenson ryw ychydig, a bu'r ddau'n archwilio'r organau a'r coluddion ar y cyd.

Darganfuwyd olion o glorid hydrad yn yr organau a'r coluddion. Cyffur cwsg oedd clorid hydrad, ond rhaid oedd ei fesur a'i ddefnyddio yn ofalus. Gallai gormod ohono achosi marwolaeth. Roedd y darganfyddiad hwn yn ddarganfyddiad o bwys, a rhaid oedd archwilio'r dystiolaeth feddygol yn ofalus. Holwyd Willcock yn fanwl:

> What would be a fatal dose?
> I should say that at least 40 grains must have been taken.
> What is the ordinary amount of chloral which would be given to a patient to act as a sedative?
> An average of ten grains. It depends upon whether the patient is accustomed to it and requires a larger dose.
> Would you go so far as to say that only the ordinary dose set out in the British Pharmacopoeia had been given to the man? By the amount discovered in the viscera and the condition of putrefaction in which these organs were, do you think any chloral would have been discovered at all, if from eight to fifteen grains had been administered?
> Probably not. I think it would have been impossible to have discovered it.
> So the reason that a heavy dose had been given was that you found 4½ grains after all this decomposition?
> Yes. Not only that, but chloral is a poison which is distributed evenly over the body.
> You are assuming the man's weight to be about 10st., but if he weighed 12st. would that make any difference?
> If he weighed more that would correspond to a larger dose.
> He was a big man. I am told a man of 6ft. Supposing he was

a stone or two heavier than ten stone would that correspond to a heavier dose than 40 grains then?

Yes.

Have you no doubt in your mind that there was a sufficiency of chloral taken to constitute a fatal dose?

Not the least.

Gofynnodd aelod o'r rheithgor pa mor hir a gymerai i olion o'r cyffur ddiflannu'n llwyr o'r corff pe bai'r person yn dal i fod yn fyw. Fe gymerai hynny ddau neu dri diwrnod oedd ateb yr arbenigwr. Felly, meddai'r rheithiwr, roedd y ddogn enfawr o'r cyffur a gafodd Alexander Nash wedi ei roi iddo yn ddiweddar iawn. 'Oedd,' atebodd Willcock. Nodid yn ddigon clir yn y British Pharmacopoeia mai 'Dose – 5 to 30 grains' oedd y ddogn arferol a diogel. Roedd o leiaf 40 gronyn o glorid hydrad yng nghorff Alexander Nash.

Ailalwyd Dr D. J. Thomas. Roedd Alexander Nash yn marw, meddai, pan welodd ef gyntaf. Gofynnodd y Crwner iddo a oedd cyflwr y claf yn amlygu unrhyw arwyddion ei fod wedi cael ei wenwyno gan glorid. Atebodd y meddyg fod cyflwr Alexander Nash yn amlygu effeithiau gwenwyno o'r fath, ond ni roddodd ef ei hun y mymryn lleiaf o'r cyffur iddo. Gofynnwyd i Annie McLaren, chwaer Alexander Nash, a fyddai ei brawd yn cymryd clorid. Ni welodd ddim i awgrymu hynny, meddai. Gofynnwyd yr un cwestiwn i'w mab, Cunningham McLaren, ac ni wyddai yntau ychwaith.

Cyflwynwyd pob tystiolaeth. Daeth yn amser i R. J. Rhys gau pen y mwdwl. Roedd hwn, meddai, yn achos anodd iawn, ac roedd un broblem enfawr wedi codi. Dywedodd Dr Thomas fod Alexander Nash wedi derbyn dogn farwol o'r cyffur, mwy na 40 gronyn hyd yn oed; ond roedd Alice Woodward yn taeru'r nos yn ddydd nad hi a roddodd y clorid i Alexander Nash. Ni roddodd y cyffur erioed iddo. Yn ôl y Crwner, roedd rhywun yn dweud celwydd, a pham y dylai dadansoddwr y Swyddfa Gartref ddweud celwydd am rywun nad oedd yn ei adnabod, gan fygwth ei yrfa a'i enw da ar yr un pryd? Felly, ai Alice Woodward a oedd yn dweud celwydd? Ar yr union bwynt yna, dechreuodd Alice Woodward wylofain yn uchel ac yn afreolus. Ai Nash ei hun a gymerodd y cyffur? Ond dywedodd y nyrs na fyddai ef ei hun byth yn cymryd unrhyw gyffur neu feddyginiaeth heb gymorth rhywun arall. Os Alice Woodward a oedd yn gyfrifol am ei wenwyno, beth oedd y cymhelliad? Roedd yn derbyn cyflog da am ei gwaith. Os oedd hi wedi rhoi'r cyffur i Alexander Nash gan dybio ei fod yn gwneud rhyw fymryn o les iddo, roedd ganddi esgus a rheswm. Nid o'i gwirfodd yr oedd wedi ei ladd. Pwysleisiodd fwy nag unwaith nad oedd wedi dod ag unrhyw foddion gyda hi i Gilfach.

Roedd tair rheithfarn yn bosib, yn ôl R. J. Rhys: un ai bod Alexander Nash wedi cymryd y cyffur ei hun, neu yr oedd Alice Woodward wedi ei roi iddo, neu rywun arall. Cyn i'r rheithgor ymneilltuo i bwyso a mesur y dystiolaeth, gofynnodd un o'r rheithwyr i Dr Willcock a oedd yn sicr fod 40 gronyn o'r cyffur yng nghorff Alexander Nash. Atebodd y byddai o leiaf 40 gronyn yn y corff.

Daeth y rheithgor yn ôl. Daethant i'r casgliad fod Alexander Nash wedi marw o ganlyniad i gymryd dogn ormodol o glorid hydrad, ond ni wyddent o ble y daeth y cyffur na phwy a'i rhoddodd iddo. Ac fe ollyngwyd yr achos. Nid oedd digon o dystiolaeth i roi Alice Woodward ar brawf, na neb arall ychwaith.

Felly, beth a ddigwyddodd? Os Alice Woodward a roddodd y ddogn farwol o'r clorid iddo, gan sylweddoli ei bod wedi gwneud camgymeriad, byddai'n awyddus iawn i guddio hynny. Un ffordd o gelu hynny oedd datgan yn groyw na roddodd yr un gronyn o glorid erioed i Alexander Nash, a phwysleisiodd, dro ar ôl tro, na ddaeth ag unrhyw feddyginiaeth gyda hi o Brighton. Roedd hynny ynddo'i hun yn syfrdanol. Roedd ganddi ŵr claf yn ei gofal, a dyna hi yn cyrraedd lle dieithr, a lle bychan hefyd, heb unrhyw fath o feddyginiaeth ar ei gyfer. Pe bai hi wedi wedi rhoi gormod o'r feddyginiaeth iddo, byddai'n euog o ddynladdiad, er mai ceisio lleddfu dioddefaint Alexander Nash oedd y nod, a'i helpu i gysgu. Roedd cymryd clorid hydrad i helpu rhywun i gysgu yn gwbwl gyfreithlon yn y cyfnod, ond roedd yn feddyginiaeth beryglus iawn ar yr un pryd, a dim ond pobol a weithiai yn y byd meddygol a gâi ei brynu. Gallai ladd, o roi dogn ormodol ohono. Pe bai Alice Woodward wedi llofruddio ei chyflogwr, byddai'n rhaid gofyn pam. Nid oedd ganddi unrhyw fath o gymhelliad i'w ladd.

Rhaid cofio bod Alexander Nash mewn cyflwr difrifol pan gyrhaeddodd Gilfach. Fe gymerai ryw dridiau i olion ac effaith y clorid adael y corff yn llwyr. Un diwrnod yn unig y bu Alexander Nash yn Gilfach-Fargoed. A oedd rhywun wedi rhoi'r feddyginiaeth iddo cyn iddo adael Brighton? Nid ei feddyg, yn sicr. Dr Grune oedd yr un a hawliodd fod cwest yn cael ei gynnal ar farwolaeth Alexander Nash. Beth am deulu Alexander Nash? Ei chwiorydd a fyddai'n etifeddu'r ffortiwn enfawr o £20,000 y byddai yn ei gadael ar ei ôl. Ond pwy a allai bwyntio bys at y teulu? Nid oedd yr un mymryn o brawf fod yr un aelod o deulu Alexander Nash ei hun wedi ei lofruddio.

Byr ac i'r pwynt oedd atebion Alice Emily Woodward pan gafodd ei holi gan R. J. Rhys. Ni fynnai ymhelaethu ar ddim. Fel y dywedodd y Crwner: un ai bod tystiolaeth Mr Willcock yn hollol anghywir neu yr oedd Alice Woodward yn cuddio rhywbeth. Mwy na thebyg mai hi a roddodd y feddyginiaeth i Alexander Nash, i'w helpu i gysgu. Ac fe wnaeth hynny. Cysgodd am byth. Mwy na thebyg mai esgeulustod ar ran Alice Woodward a achosodd farwolaeth Alexander Nash. A oedd hi felly yn esgeulus neu'n anfedrus wrth ei gwaith? Bu farw Alexander Nash a'i wraig o fewn pythefnos i'w gilydd, tra oedd y ddau dan ofal Alice Emily Woodward.

14

Y DDAU GORFF YN Y FFERMDY

LLOFRUDDIAETH MARY A SAMUEL EVANS
Cribyn, Llanfihangel Ystrad, 1919

Pan ddaeth y Rhyfel Mawr i ben, roedd gan Mary Evans gymaint i fod yn ddiolchgar amdano. Yn wraig weddw gyda phump o feibion, llwyddodd i ddal ei gafael ar bob un o'i bechgyn, mewn cyfnod pan oedd y peiriant rhyfel yn llyncu meibion i famau wrth y miloedd. Roedd tri o'i meibion yn rhy ifanc ar y pryd i gael eu galw i'r fyddin, ond ymunodd y ddau hynaf â'r miloedd o fechgyn ifanc a yrrwyd i feysydd y gwaed, a goroesodd y ddau. Roedd Mary Evans wedi colli ei gŵr, John Evans, ers Mai 17, 1902. Roedd John Evans yn 31 oed pan fu farw, a gadawodd ei weddw ifanc i ofalu am eu pedwar plentyn, er bod pumed plentyn hefyd yn bresennol yn yr angladd ym Mynwent Cribyn ar y diwrnod hwnnw o Fai. Roedd Mary Evans yn disgwyl ei phumed plentyn ar y pryd, ac efallai ei bod hi hefyd yn cario melltith yn ei chroth.

Gweithiodd Mary Evans yn galed drwy'i hoes ar y fferm deuluol. Fferm ddiarffordd gymharol fychan ac iddi ryw 26 o aceri oedd Clawdd-moel yng Nghribyn, Llanfihangel Ystrad, prin ddigon i gynnal teulu o chwech. Ar ben bwydo a dilladu'r bechgyn, roedd yn rhaid i Mary Evans dalu £20 y flwyddyn o rent i berchennog Clawdd-moel, ac roedd hynny'n straen. Erbyn 1914, pan dorrodd y rhyfel, roedd ei bechgyn hynaf yn ddigon hen i'w helpu i gael dau ben y llinyn ynghyd, a phenderfynodd y byddai'n prynu'r fferm. Gwnaeth hynny ym mis Medi 1914. Prynodd y fferm am £470. Hi bellach oedd perchen Clawdd-moel. Er lleied ydoedd, roedd ganddi fferm y gallai un o'i meibion ei hetifeddu yn y dyfodol, ond pa un?

Ym mis Awst 1916, hysbyswyd Mary Evans fod ei mab hynaf ond un, Samuel, ar goll. Golygai hynny ei fod un ai wedi ei ladd, ac nad oedd modd adnabod y corff, neu wedi ei gymryd yn garcharor. Gollyngodd Mary Evans ochenaid o ryddhad pan glywodd mai wedi ei gymryd yn garcharor rhyfel yr oedd Samuel. Gwnaeth y mab canol, James, hefyd ei ran yn yr ymdrech ryfel. Bu'n gweithio yn ffatri gad-ddarpar Pen-bre am ryw wyth mis, ac yna, ym mis Gorffennaf 1917, aeth yn ôl i Glawdd-moel i helpu ei fam ar y fferm. Ac roedd gweithio ar fferm hefyd yn rhan anhepgor o'r ymdrech ryfel.

Dychwelodd Samuel Evans, bump ar hugain oed, o'r gwersyll carcharorion yn yr Almaen i Glawdd-moel ar y diwrnod cyntaf o

Ragfyr, 1918. Roedd y mab hynaf, John Lewis Evans, yn ddiogel yn yr Aifft ar y pryd. Roedd pryderon Mary Evans heibio. Ar ôl i Samuel Evans ddod adref, roedd pedwar yn byw ac yn cysgu yng Nghlawdd-moel, Mary Evans, Samuel, James ugain oed, y mab canol, a William Joseph, un ar bymtheg oed, a oedd yn ddisgybl yn Ysgol Ganolradd Aberaeron ar y pryd. Glöwr ifanc deunaw oed oedd Thomas Evans, y brawd ieuengaf ond un, ac roedd yn byw yn Nhŷ-croes, Sir Gaerfyrddin.

Ar fore dydd Mawrth, Ebrill 29, 1919, aeth James Evans i Lanbedr Pont Steffan, rhyw chwe milltir o bellter o Gribyn, ar neges i'w fam. Gadawodd y tŷ oddeutu hanner awr wedi deg. Roedd perthynas i'r teulu yn wael yno, ac anfonwyd James i Lambed i holi amdani. Arhosodd yn y dref am oriau. Y bore hwnnw, aeth Samuel hefyd ar ei drafael. Gadawodd Glawdd-moel oddeutu deg o'r gloch, hanner awr cyn i James adael, yn ôl James ei hun, ac aeth i orsaf Ystrad, Felin-fach, i nôl gwrtaith ar gyfer y fferm, ond roedd Samuel wedi gadael Clawdd-moel cyn hynny. Pan ddychwelodd James Evans o Lanbed i Glawdd-moel tua hanner awr wedi pedwar yn y prynhawn, roedd golygfa erchyll yn ei ddisgwyl. Tŷ ac iddo un drws yn unig oedd y tŷ, ac roedd y drws ar agor. Pan aeth yn nes, gwelodd gorff llonydd ei frawd, Samuel, ar ei eistedd, a'i gefn yn pwyso yn erbyn ffrâm y drws. Roedd hynny'n ddigon o ysgytwad. Ond pan aeth i mewn i'r gegin, roedd gwaeth yn ei ddisgwyl. O flaen y lle tân yn y gegin roedd ei fam yn gorwedd yn llonydd ar y llawr. Roedd hithau hefyd yn gelain gorn. Yn ei fraw a'i syndod, rhedodd James at gymydog iddo, Daniel Evans, Henardd, i ofyn am gymorth. Roedd Daniel Evans wedi gweld James yn mynd heibio i Henardd ar ei ffordd yn ôl i Glawdd-moel tua hanner awr wedi pedwar o'r gloch. Ugain munud yn ddiweddarach, aeth James i Henardd i ddweud wrth Daniel Evans fod ei fam a'i frawd wedi eu lladd.

Gwraig weddw ganol oed oedd Mary Evans. Fe'i disgrifiwyd hi fel gwraig dawel, weithgar ac ymdrechgar. Trwy ddygnwch ei llafur hi a'i meibion y llwyddodd i brynu'r fferm, yn hytrach na'i rhentu, er mai twll o le oedd Clawdd-moel yn ôl un o ohebwyr y *Cambrian News*: 'Seldom have I seen a poorer abode. Half stone, half clay, with corrugated iron sheets covering the defects of a thickly-thatched roof, it was no habitation for human beings'. Tŷ unllawr ac iddo do sinc a dwy ystafell, cegin a pharlwr, ac un pantri bychan, oedd Clawdd-moel, heb yr un ystafell wely na llofft ar ei gyfyl. Cysgai dau mewn gwely yn y parlwr a chysgai dau mewn gwely yn y gegin. Er gwaethaf popeth, roedd y teulu, yn ôl cymdogion, yn deulu hapus.

Roedd yn amlwg i James mai wedi cael eu saethu gydag un ergyd farwol yr un yr oedd ei fam a'i frawd. Cyrhaeddodd cwnstabl o'r enw John Jenkins Glawdd-moel am hanner awr wedi pump, rhyw awr ar ôl i James Evans ddarganfod y ddau gorff. Pan gyrhaeddodd y fferm, roedd llawer o gymdogion wedi ymgasglu ar y buarth. Gofynnodd John Jenkins i James Evans beth a oedd wedi digwydd. 'Mae yma le rhyfedd,' atebodd. Ni allai James Evans ddeall y peth o gwbwl. Yr oedd yn sicr nad aelod o'r teulu a'u llofruddiodd. Roedd pawb, meddai, yn dod ymlaen yn dda gyda'i gilydd. Dechreuodd John Jenkins ei holi. Gofynnodd a oedd ef a'i frodyr yn cadw gynnau. Atebodd fod dau wn yn y tŷ, yn hongian uwchben y gwely yn y parlwr, ac roedd y ddau yn dal i fod yno. Ni welwyd yr un getrisen wag yn y tŷ, ac nid oedd unrhyw arwydd o ymrafael yn y ffermdy.

Archwiliwyd y cyrff gan John Jenkins. Roedd gan Samuel Evans £15 ar ei eiddo, felly, nid lleidr a'i lladdodd. Os chwilio am arian yr oedd y sawl a laddodd Mary Evans a'i mab, go brin y byddai wedi gadael y tŷ heb fynd drwy bocedi Samuel. Symudwyd y ddau gorff i'r parlwr. Holwyd James Evans ymhellach. Yna, yn hwyr y nos, gadawodd yr heddlu y mater am y tro. Erbyn hynny, roedd William Joseph wedi cyrraedd Clawdd-moel, ar ôl i gymydog fynd i Aberaeron i'w gyrchu adref gyda cheffyl a chert, wedi i'r heddlu roi'r newyddion drwg iddo. Cysgodd James a William Joseph yng Nghlawdd-moel y noson honno, gyda dwy gelain yn unig yn gwmni i'r ddau.

Archwiliwyd y ddau gorff gan ddau feddyg o'r un enw, Dr Evan Evans o Lambed a Dr Evan Evans o Felin-fach. Yn ôl y meddygon, roedd y ddau wedi cael eu saethu unwaith, Mary Evans yn ei gwegil a Samuel Evans yn ei ben, y tu ôl i'w glust dde. Roedd yn amlwg fod y sawl a'u saethodd yn sefyll y tu ôl iddyn nhw. Bu farw'r ddau yn syth. Roedd yn anodd dweud pa bryd yn union y bu farw'r ddau, ond y peth mwyaf tebygol oedd eu bod wedi marw ryw saith awr neu ragor cyn i John Jenkins archwilio'r cyrff, a rhyw chwe awr cyn i James ddychwelyd o Lambed. Golygai hynny fod y ddau wedi cael eu lladd rywbryd yn ystod y bore. Os gwir hynny, nid James a'u lladdodd, gan mai tua hanner awr wedi pedwar o'r gloch yn y prynhawn y dychwelodd i Glawdd-moel. Tua chwarter awr wedi deg y bore y dychwelodd Samuel i Glawdd-moel, eto yn ôl Daniel Evans. Fe'i gwelodd yn mynd heibio i Henardd ar yr union adeg honno. Os felly, lladdwyd Samuel Evans yn fuan iawn ar ôl iddo gyrraedd Clawdd-moel.

Holwyd cymdogion. Ni welwyd neb dieithr yn llercian o gwmpas y cyffiniau ar y diwrnod y lladdwyd y ddau, ac ni chlywodd neb sŵn gwn yn tanio. Ni wyddai neb ddim oll am y ddwy lofruddiaeth.

Bu'r heddlu yn gwneud ymchwiliadau yng Nghlawdd-moel am oriau gyda'r hwyr ar nos Fawrth, ac yn ystod y dydd Mercher canlynol, y diwrnod ar ôl i'r trychineb ddigwydd. Parhawyd i holi James Evans. O ganlyniad i ymchwiliadau'r heddlu, arestiwyd James Evans am chwech o'r gloch nos Fercher ar yr amheuaeth mai ef a laddodd ei fam a'i frawd ac fe'i cymerwyd i'r ddalfa yn Swyddfa'r Heddlu yn Aberaeron. Archwiliwyd pocedi James Evans gan John Jenkins, a chafwyd hyd i ddau bwrs, un yn cynnwys ychydig o arian, a'r llall yn wag. Roedd o leiaf un pwrs, y pwrs gwag, yn perthyn i'w fam, ac roedd y ddau bwrs, yn ôl yr heddlu, yn dystiolaeth bwysig. Fore dydd Iau, cyhuddwyd James Evans yn ffurfiol-swyddogol o lofruddio'i fam a'i frawd, ac fe'i cadwyd yn y ddalfa. Gwadu'r cyhuddiad yn ei erbyn a wnaeth James Evans.

Cynhaliwyd cwest ar farwolaeth Mary a Samuel Evans yng Nghlawdd-moel, brynhawn dydd Iau, ar ddiwrnod Calan Mai. Bwriedid cynnal y cwest yn y ffermdy ei hun, ond nid oedd digon o le yno, ac fe'i cynhaliwyd yn un o'r tai allanol. Yn ystod y cwest, croesodd aelodau'r rheithgor fuarth y fferm i gael golwg ar y cyrff yn y tŷ. Thomas a gafodd y dasg dorcalonnus o adnabod y ddau gorff yn ffurfiol, er ei fod wedi cael ei siglo hyd at sail ei fodolaeth. Crynai fel aethnen a chriai yn ddi-baid. Ni wyddai ddim byd am lofruddiaeth

ei fam a'i frawd, gan mai yn Nhŷ-croes yr oedd ar y pryd, ac nid yng Nghlawdd-moel. Hefyd yn bresennol yn y cwest yr oedd James Evans, wedi ei ryddhau o'r ddalfa am y prynhawn. Ar gais y Prif Gwnstabl Edward Williams, gohiriwyd y cwest tan Fai 10, er mwyn galluogi'r heddlu i ymchwilio'n ddyfnach i'r mater.

Ddeuddydd ar ôl y cwest, arestiwyd mab ieuengaf Mary Evans, y bachgen ysgol William Joseph Evans. Ganed William Joseph ar ôl i'w dad farw, a byddai'n ddwy ar bymtheg oed cyn diwedd y flwyddyn. Cyhuddwyd William Joseph yntau hefyd o ladd ei fam a'i frawd, ac fe'i cymerwyd i'r ddalfa yn Swyddfa'r Heddlu yn Aberaeron, i ganlyn ei frawd: dau frawd yn cyflawni mamladdiad a brawdladdiad, os oedd y cyhuddiad yn wir. Newydd fod yn angladd ei fam a'i frawd yn gynnar y prynhawn Sadwrn hwnnw yr oedd William Joseph, a chael ei arestio yn syth ar ôl yr angladd.

Ond ar ba sail y cyhuddwyd y bachgen ysgol hwn o lofruddio'i fam a'i frawd Samuel, un ai ar ei ben ei hun neu ar y cyd â'i frawd James? Ar y diwrnod y lladdwyd ei fam a'i frawd, prynodd William Joseph feic newydd sbon mewn siop yn Aberaeron am ddecpunt a decswllt. Hynny a barodd i'r heddlu ei ddrwgdybio o fod â rhan yn y weithred ysgeler hon. Dywedodd mai gan ei fam y cafodd yr arian i brynu'r beic. Daeth cyd-ddisgybl iddo yn Ysgol Ganolradd Aberaeron o hyd i chwe phunt arall yn un o'i werslyfrau ysgol. Roedd un peth arall yn peri i'r heddlu ddrwgdybio William Joseph. Pan aeth plismon i Aberaeron i ddweud wrtho fod ei fam a'i frawd wedi marw, ni ofynnodd sut na pham y bu i'r ddau farw, ac, yn wir, ni chynhyrfodd o gwbwl pan glywodd y newyddion. Roedd yn hollol ddi-hid ynghylch yr holl fater. Cymydog o'r enw David Evans a aeth i Aberaeron i fynd â William Joseph yn ôl i Glawdd-moel gyda cheffyl a chert ar ddiwrnod y llofruddiaeth, ac ni ofynnodd William Joseph iddo yntau ychwaith sut y lladdwyd ei fam a'i frawd.

Roedd y ddau frawd yn bresennol yn y cwest a gynhaliwyd yn Felin-fach ar Fai 10. Galwyd y tyst cyntaf ymlaen, Cwnstabl John Jenkins. Aeth i Glawdd-moel ar ddydd Mercher, Ebrill 30. Yn ymyl corff Mary Evans roedd stôl yn gorwedd ar ei hochor, ac ar y llawr ar ei phwys roedd hosan wedi hanner ei gweu, a gweillen ynghlwm wrthi. Tybiai John Jenkins fod Mary Evans yn eistedd ar y stôl yn gweu hosan pan saethwyd hi. Gofynnodd i James Evans a oedd wedi cyffwrdd â'r cyrff neu wedi symud unrhyw beth yn y tŷ? Dywedodd ei fod wedi rhoi ei law ar wyneb ei fam, ac roedd ei hwyneb yn oer. Gofynnodd y plismon iddo a oedd wedi gweld gwn yn ymyl corff Samuel, ac a oedd wedi ei symud. Dywedodd James Evans na welodd wn yn unman. Roedd dau wn dwy-faril yn y tŷ, ond ni thaniwyd y rheini ers tro, meddai.

Yr unig beth a oedd ar goll oedd pwrs Mary Evans. Cadwai hwnnw mewn drôr yn y dresel yn y gegin, gyda phedair allwedd ynddo. Roedd y pwrs hwnnw gan James. Gofynnodd John Jenkins i James estyn y ddau wn iddo. Wrth eu harchwilio, ni allai ddweud a oedd y gynnau wedi cael eu tanio yn ddiweddar ai peidio. Gadawodd hynny i'r arbenigwyr i'w benderfynu.

Gohiriwyd y cwest am bum niwrnod. Parhawyd y gweithgareddau ar Fai 15. Ailgyflwynodd y meddygon eu tystiolaeth, gan nodi bod y ddau wedi marw o leiaf ryw deirawr pan archwiliwyd y cyrff ganddyn nhw am saith o'r gloch ar y nos Fawrth dyngedfennol honno, ond mwy na thebyg eu bod wedi eu lladd rai oriau yn gynharach, tua chwech neu saith awr. Felly, llofruddiwyd Mary a Samuel Evans cyn hanner dydd, yn ôl y dystiolaeth feddygol. Ddeuddydd ar ôl y cwest, ar Fai 17, aethpwyd â'r ddau frawd o Swyddfa'r Heddlu yn Aberaeron i garchar Caerfyrddin.

Ymddangosodd y ddau ger bron ynadon Aberaeron chwech o weithiau cyn i'r achos yn eu herbyn gael ei drosglwyddo i lys uwch. Gohiriwyd y gwrandawiad dro ar ôl tro, gyda'r gobaith y byddai'r heddlu yn dod o hyd i ryw wybodaeth neu dystiolaeth newydd i ddadwneud cymhlethdod yr achos, a datrys popeth dyrys. Yn ystod y chweched gwrandawiad, a gynhaliwyd ar Fehefin 13, 1919, ceisiwyd dilyn symudiadau'r ddau frawd ar ddiwrnod y llofruddiaeth. Cyhuddwyd y ddau o gyflawni'r drosedd ar y cyd, ond pa bryd yn union y gwnaed hynny? A oedd hynny'n bosib?

Ar fore'r llofruddiaeth, gadawodd William Joseph y tŷ o flaen ei frodyr. Ni welwyd mohono yn agos at y tŷ gan neb oddi ar hynny. Yn ôl amddiffynnydd William Joseph, Trevor Hunter, roedd yn anodd credu y gallai ddychwelyd i Glawdd-moel yn ystod y dydd, a chyflawni'r drosedd cyn mynd yn ôl i'r ysgol eto. Nid oedd arlliw o ddrwgdeimlad na chynnen o fewn y teulu, ac roedd pawb yn byw mewn cytgord. Gofynnodd yr amddiffynnydd a oedd lladd ei fam a'i frawd rhag iddo orfod gadael y fferm, neu er mwyn ei hetifeddu, yn ddigon o gymhelliad ar ran James Evans i'w llofruddio. Roedd y fam wedi trefnu bod Samuel a James i ofalu am y fferm bob yn ail flwyddyn. Onid oedd hynny'n drefniant doeth a theg? Byddai Samuel yn etifeddu'r fferm ar ôl dyddiau Mary Evans yn rhinwedd y ffaith fod y brawd hynaf un, John Lewis Evans, yn fab llwyn a pherth, ond a wyddai James hynny? Ac roedd y syniad fod y mab ieuengaf wedi lladd ei fam a'i frawd er mwyn cael digon o arian i brynu beic yn chwerthinllyd. Yn ôl yr amddiffynnydd:

> If the boys committed the crime they displayed an extraordinary amount of cunning, but if they were such cunning criminals they would have tried to throw suspicion off themselves by leaving the gun by the dead brother, so that it would be thought that he murdered his mother and then committed suicide. There was not enough evidence on which to hang a dog ...

Trosglwyddwyd yr achos yn erbyn y ddau frawd i Frawdlys y tair sir, Sir Gaerfyrddin, Sir Aberteifi a Sir Benfro, a gynhaliwyd yng Nghaerfyrddin ger bron Ustus Bailhache ar ddydd Iau, Hydref 30, 1919. W. Llewelyn Williams, y gwleidydd, y cyfreithiwr a'r awdur llyfrau i blant, fel *Gwilym a Benni Bach*, oedd un o'r ddau erlynydd. Ar ôl i'r ddau garcharor bledio'n ddieuog i'r drosedd o ladd eu mam a'u brawd, agorwyd yr achos yn eu herbyn gan Llewelyn Williams. Nododd fod gan Mary Evans bump o feibion. Roedd ei mab hynaf, John Lewis, yn gwasanaethu gyda'r fyddin yn yr Aifft. Mab anghyfreithlon i Mary Evans oedd hwn, ac efallai fod y ffaith iddo gael ei eni y tu allan i briodas yn egluro pam y cyflawnwyd y drosedd. Roedd Mary Evans wedi gweithio'n galed i brynu Clawdd-moel, ac nid oedd ganddi forgais o gwbwl ar y fferm. Roedd wedi yswirio'i bywyd am £150, a Samuel wedi yswirio'i fywyd yntau am £100. Gan fod y mab hynaf yn anghyfreithlon nid oedd ganddo hawliau o gwbwl, ac ni châi etifeddu'r fferm na derbyn cyfran o'r arian yr oedd y fam wedi ei gelcu, yn ôl y gyfraith. Gyda Samuel wedi marw, James a fyddai'n etifeddu'r fferm, a byddai'r tri brawd cyfreithlon yn rhannu'r arian yr oedd eu mam wedi ei adael ar ei hôl.

Yn ôl y datganiad o eiddo William Joseph a ddarllenwyd yn ystod yr achos, gadawodd y tŷ am naw o'r gloch y bore i fynd i'r ysgol, a gadawodd ei frodyr yn y tŷ. Gwyddai fod Samuel yn bwriadu mynd i Felin-fach y bore hwnnw i nôl gwrtaith, tra bwriadai James fynd i Lanbedr Pont Steffan. Roedd ei fam, meddai, yn bwriadu gadael y fferm i Samuel, a ph'run bynnag, roedd James â'i fryd ar fynd i'r môr, pe gallai gael llong. Roedd eisoes wedi cysylltu â chapten llong lleol yn y gobaith y gallai gael lle iddo ar long.

Nodwyd yn ystod yr achos fod gan Mary Evans a'i mab James gyfrif banc ar y cyd yn Llambed, ac os llofruddio'r fam er mwyn cael ei harian oedd y bwriad, yna nid oedd unrhyw reswm gan James Evans i'w lladd. Gallai James dynnu arian o'r banc unrhyw adeg y mynnai, heb ganiatâd Mary Evans.

Cyflwynwyd tystiolaeth y cyd-ddisgybl i William Joseph yn Ysgol Ganolradd Aberaeron, bachgen o'r enw Daniel Ceiriog Jenkins, ynghylch y chwephunt a ddarganfuwyd yn un o werslyfrau William Joseph. Roedd enw William Joseph yn blaen ar y clawr. Ar ddiwrnod y llofruddiaeth, cyn iddo brynu'r beic, roedd gan William Joseph £16 ar ei eiddo, cyfwerth â thua £460 erbyn heddiw, a dywedodd mai ei fam a roddodd yr arian iddo. Fferm fechan oedd Clawdd-moel, ac roedd angen pob ceiniog ar Mary Evans i'w chynnal hi ei hun a'i thri mab.

Sefydlwyd gan yr arbenigwr gynnau fod un o'r gynnau a gedwid ym mharlwr Clawdd-moel wedi ei danio yn ddiweddar iawn, o fewn diwrnod neu ddau. Daeth tyst allweddol ymlaen yn ystod yr achos. Yn ôl y *Carmarthen Weekly Reporter*: 'John Thomas, of Maesygoleu, said that his home was about a mile across country from Clawddmoel. By the road it would be a mile and a half. James Evans had lent him a gun in April. On Monday, 28th, James Evans came to Maesygoleu, and witness gave him the gun'. Llofruddiwyd Mary a Samuel Evans drannoeth. A oedd James wedi cynllunio i ladd ei fam a'i frawd, ac ai dyna pam y galwodd ar John Thomas Maesygolau i gael ei wn yn ôl? Ar ben hynny, roedd James wedi prynu blwch o getris ar yr un diwrnod ag y cafodd ei wn yn ôl gan John Thomas. Yn ôl y *Carmarthen Journal*: 'Samuel Davies, Troedyrhiw-llech, Llechwedd-deri, said James Evans called at his mother's shop on Monday, April 28th, and bought 25 cartridges, saying they were for his brother Samuel who would pay him for them'. Cyfaddefodd John Thomas ei fod wedi tanio gwn James Evans, a'i fod wedi ei roi'n ôl iddo heb ei lanhau. Pan archwiliwyd y ffermdy gan yr heddlu, mewn ymdrech i ddod o hyd i ragor o dystiolaeth, gwelwyd bod dwy getrisien yn eisiau o'r 25 a brynwyd gan James, ond eto, tystiolaeth fregus iawn oedd hon, gan fod llawer o getris, rhai'n rhydd a rhai mewn blychau, yn cael eu cadw mewn drôr yn y tŷ.

Roedd ymateb didaro William Joseph i'r llofruddiaeth yn brawf o'i euogrwydd yn ôl amryw, a cheisiodd Llywelyn Williams gael esboniad ganddo am ei ymddygiad rhyfedd. Yn ôl adroddiad *Y Faner* ar yr achos:

Mr. Williams: Anfonwyd am danoch adref gyda'r newydd fod eich mam a'ch brawd wedi marw. Pa ham na buasech wedi gofyn sut y cyfarfuasant â'u marwolaeth?

Y tyst: Yr oedd y newydd yn ddigon.

Ai am y gwyddech eisoes sut y buont farw?

Y tyst: Nage.

Pa ham na buasech wedi dyweyd o'r blaen ynghylch y deuddeg punt gan eich mam?

Y tyst: Ni ddarfu iddynt ofyn i mi yn eu cylch.

Mr. Williams: Awgrymaf ddarfod i chwi gymmeryd y pwrs ar ôl i'ch mam gael ei llofruddio.

Y tyst: Naddo.

Parhaodd yr achos am dridiau. Ar y trydydd dydd, crynhodd y barnwr, Ustus Bailhache, y dadleuon a'r gwrthddadleuon a gyflwynwyd gan yr erlyniaeth a'r amddiffyniaeth wrth annerch y rheithgor.

Yr oedd yn anhygoel, wrth gwrs, fod bachgen ysgol wedi lladd ei fam yn unswydd er mwyn cael digon o arian i brynu beic; anhygoel, ond nid amhosib. Ac meddai'r barnwr:

> Regarding the purchase of a bicycle by William Joseph, the Judge said it was more than shocking to suppose for a moment that a lad of sixteen would shoot his mother because he wanted £10 to buy a bicycle. It was one of those things ... that seemed to be quite impossible, but at the same time one had heard that strange crimes had been committed by people and for motives which were actually and absolutely inadequate and insufficient. It was a most unfortunate thing when on the next day there was some inquiry by the police and others about the missing money the lad did not say anything about the bicycle money. He said something about it afterwards when it was discovered that he had bought a bicycle. The Judge said one would not press that against him too hardly.
>
> His Lordship referred to the fact that the lad did not take the bicycle home to show to his mother as he had told the shopkeeper, and asked – Was it because that the boy had no home to go to and that he knew the only people at home were his murdered mother and brother? It was a very astonishing thing, and to him a quite inexplicable thing, why William Joseph did not ask, when informed of their deaths, how his mother and brother came by their deaths. Was it because he knew how they had come by their deaths?

Ac os derbynnid mai uchelgais James Evans oedd mynd i'r môr, pam y dylai lofruddio'i fam a'i frawd i etifeddu'r fferm? Pan ofynnwyd i James yn ystod yr achos a wyddai fod ei frawd hynaf, John Lewis, yn blentyn anghyfreithlon, atebodd na wyddai. Roedd ei fam a'i dad wedi cadw hynny yn gyfrinach.

Trevor Hunter, wrth iddo annerch y rheithgor ar ran yr

amddiffyniaeth ar ddiwedd yr achos, a lywiodd y rheithgor i gyfeiriad un rheithfarn yn y pen draw, ac un rheithfarn yn unig.

> Referring to the fact that Wm. Joseph Evans, when he was first questioned, did not say that he went to Aberayron with the 12 o'clock train and not with the 9.27 train, counsel said the jury must consider the circumstances under which that was said, for he was questioned for a long time by the Chief Constable. If these boys murdered their mother and brother, did the jury think they would not have shown some signs of agitation, or some diffidence in their behaviour to the people who knew them well? The case for the prosecution was nothing more than that there were some suspicious circumstances with regard to these boys, and that in all human probability they must have been the last persons before the murderers who saw the deceased mother and son alive. Mr. Hunter concluded with an impassioned peroration. "The lives of these two boys are in your hands," he told the jury. "You have a duty to the living as well as to the dead. Do you feel sure, if you brought in a verdict of 'Guilty' against these two brothers, that in the silent watches of the night in after-life, you will never have any feeling of doubt as to whether your verdict was a proper one? The benefit of any doubt must be given to the prisoners. Unless you feel sure that you will never have a feeling of doubt, there is only one possible verdict for you, and that is a verdict of "Not Guilty."

Daeth yn amlwg erbyn diwedd yr achos mai William Joseph oedd yr un a amheuid fwyaf o lofruddio'i fam a'i frawd. Ar symudiadau ac ymddygiad William Joseph y canolbwyntiodd y barnwr yn bennaf wrth ddirwyn yr achos i'w derfyn.

Ugain munud yn unig a gymerodd y rheithgor i benderfynu tynged y ddau. Barnwyd bod y ddau frawd yn ddieuog o'r drosedd, ac fe'u gollyngwyd yn rhydd.

A dyna ddirgelwch Clawdd-moel, a hwnnw'n ddirgelwch mawr. Ni lwyddwyd i ddatrys y llofruddiaeth hyd y dydd hwn, ac ni ellir ond dyfalu beth yn union a ddigwyddodd. Ceisiwyd profi yn ystod y gwahanol wrandawiadau mai cymhelliad James Evans dros gyflawni'r llofruddiaeth oedd sicrhau mai ef a fyddai'n etifeddu'r fferm, yn ogystal â derbyn cyfran o'r arian yswiriant ar fywydau ei fam a'i frawd, a rhywfaint o'r arian a oedd ganddi yn y banc ar ben hynny. Cymhelliad William Joseph, ar y llaw arall, oedd cael digon o arian i brynu beic. Dau gymhelliad hollol wahanol. Os bydd dau lofrudd yn lladd rhywun ar y cyd, disgwylir i'r ddau gyflawni'r drosedd am yr un rheswm neu resymau, nid am resymau gwahanol. A pha bryd yn union y daeth y ddau frawd ynghyd i gyflawni'r drosedd? A oedd y ddau wedi cynllunio a chyflawni'r llofruddiaeth ar y cyd? A oedd hynny yn bosib hyd yn oed?

Mae un peth yn sicr: ni fyddai Mary Evans byth yn rhoi £16 i Wiliam Joseph. Roedd yn anferth o swm. Felly, mae'n rhaid ystyried o ddifri y posibiliad mai dwyn yr arian oddi ar ei fam a wnaeth William Joseph, ond pa bryd? Mwy na thebyg fod Mary Evans wedi gwrthod rhoi arian iddo i brynu beic. Mae symudiadau William Joseph ar ddiwrnod y llofruddiaeth yn codi amryw byd o gwestiynau.

Gadawodd y tŷ oddeutu naw o'r gloch yn y bore, meddai. Arferai ddal y trên 9.34 y bore o arhosfa Tal-sarn i fynd i Aberaeron, ond, yn ôl tystiolaeth John Hopkins, gorsaf-feistr Tal-sarn, y trên 12.12 a ddaliodd i fynd i Aberaeron, er i William Joseph ddweud wrth yr heddlu, yn wreiddiol, iddo ymadael am Aberaeron gyda'r trên boreol. Bu John Hopkins yn sgwrsio â William Joseph am blwc wrth iddo aros am y trên, rywbryd rhwng chwarter i ddeuddeg a hanner dydd, felly, gyda thrên y prynhawn yr aeth William Joseph i Aberaeron, nid gyda trên y bore, ac nid oedd yr un rhithyn o amheuaeth ynghylch hynny. Beth a ddigwyddodd iddo yn ystod y teirawr, ac ymhle y bu? Ceisiwyd olrhain ei hynt a'i helynt yn ystod y bore hwnnw yn ystod y prawf yn y Frawdlys. Yn ôl adroddiad yn y *Carmarthen Journal*:

> The school at Aberayron reassembled that morning after a short vacation, and it was William Joseph's duty to be there

and to go by train leaving Talsarn Halt at about 9.20 a.m. The prosecution alleged that he left Clawddmoel about 8.30, and that he was seen near Rhydygwin Chapel, some half to threequarters of a mile from Clawddmoel, between 8.30 and 9 o'clock. In his first statement to the police he led them to understand that he had gone to Aberayron by the first train leaving at 9.30. It was afterwards ascertained that he did not go by that train, and that he went by the train leaving at something about 12 o'clock. The next seen of him was about 11.25, when he went into a shop at Temple Bar near Rhydygwin, and purchased cigarettes, and the prosecution suggested, having regard to the other circumstances in the case, that what happened was that after he had been seen on the road, he went back to Clawddmoel and was a participator in the murder of his mother and brother sometime after 10 o'clock. When asked by the police to account for his movements that morning, William Joseph stated that his mother had asked him to go to a potato field at Maesygoleu farm to ask the people there whether they wanted assistance to plant their potatoes, and that his mother had promised to go and help her neighbour to plant the potatoes. He stated that he went to the field and saw no one there. Instead of going back to tell his mother that, William Joseph stated that he laid down in a field, remaining there until he went to the Temple Bar shop at 11.25. The son of Maesygoleu farm would say that he was hedging in the potato field from 9 till after 12 that morning, and that he never saw Wm. Joseph Evans there at all.

Aeth William Joseph i'r ysgol yn y prynhawn. Prynodd y beic ar ôl yr ysgol, ac fe'i gwelwyd yn mynd yn ôl ac ymlaen ar gefn ei feic newydd yn Aberaeron gyda'r hwyr, hyd nes i'r heddlu ddod i chwilio amdano i'w hysbysu ynghylch marwolaeth ei fam a'i frawd, ac i David Evans fynd i Aberaeron i'w gludo'n ôl i Glawdd-moel. I gymhlethu'r mater ymhellach fyth, dywedodd mam i un o gydddisgyblion William Joseph yn Ysgol Ganolradd Aberaeron, Rachel Evans o Lanybydder, fod Mary Evans wedi dweud wrthi ei bod yn bwriadu prynu beic i'w mab fisoedd cyn i'r llofruddiaeth ddigwydd. A beth am symudiadau'r brodyr eraill ar y diwrnod tyngedfennol hwnnw? Un o'r pethau mwyaf astrus a chymhleth ynglŷn â'r holl achos oedd symudiadau'r tri brawd a oedd yn ganolog i'r hanes. Aeth y tri brawd i dri lle gwahanol: Aberaeron, Felin-fach a Llanbedr Pont Steffan. Roedd o leiaf ddau o'r brodyr wedi teithio'n ôl i Glawdd-moel, Samuel a James. Gwelwyd y brodyr ar fore'r llofruddiaeth gan nifer o wahanol dystion mewn gwahanol leoedd ac ar wahanol adegau, ond darniog ac anghyson oedd y tystiolaethau hyn.

Gadawodd Samuel Evans Glawdd-moel yn fuan iawn ar ôl i William Joseph adael y tŷ. Aeth i orsaf Ystrad, Felin-fach, gyda cheffyl a chert, i gludo'r gwrtaith yn ôl i'r fferm. Galwodd yn Swyddfa Bost Felin-fach rhwng naw a hanner awr wedi naw o'r gloch y bore, rhoddodd archeb bost werth £15 i'r bostfeistres, Sally Margaret Davies, a chododd yr arian. Fe'i gwelwyd gan dystion eraill yng nghyffiniau Felin-fach rhwng naw a hanner awr wedi naw o'r gloch yn y bore. Roedd wedi gadael y tŷ felly ymhell cyn deg o'r gloch, os oedd y tystiolaethau hyn yn gywir. Yn ôl yr erlyniaeth, roedd wedi cyrraedd Clawdd-moel ychydig wedi deg o'r gloch. Dywedodd James wrth yr heddlu fod Samuel wedi gadael y fferm am ddeg o'r gloch y bore, rhyw hanner awr cyn iddo ef ei hun ymadael am Lanbedr Pont Steffan, ond nid oedd hynny'n gywir. Cynhaliwyd arbrawf gan yr heddlu. Gan gychwyn gyda cheffyl a chert am ddeng munud i naw yn y bore, gadawyd Clawdd-moel am Felin-fach, a theithio'n ôl o Felin-fach i Glawdd-moel wedyn. Cyrhaeddwyd Clawdd-moel am ddeuddeng munud wedi deg – awr ac ugain munud o siwrnai i gyd. Felly, gallai'r ddamcaniaeth fod Samuel wedi cyrraedd Clawdd-moel oddeutu deg o'r gloch neu wedi hynny fod yn gywir. Cyn mynd i'r tŷ, dadlwythodd y cert a thynnodd yr harnais oddi ar y ceffyl.

A beth am y beic wedyn? Pa bryd y prynodd William Joseph hwnnw? Cafwyd y dystiolaeth ganlynol gan y siopwr a werthodd y beic iddo:

D. Meyrick Jenkins, cycle dealer, Aberayron, spoke of selling to William Joseph Evans on the evening of April 29 a bicycle for £10. 10s., which he paid for in eleven £1 Treasury Notes, which he produced from a pocket book which contained more notes. Witness suggested he should get the machine ready for him by the following morning, but the boy said he was anxious to get it that evening because he wanted to take it home to show to his mother. "He told me that he had promised his mother faithfully to take it home that night," added witness. "He seemed very anxious to go home."

Archwiliwyd pocedi William Joseph ar y trydydd o Fai, a chafwyd hyd i bron i naw swllt a phwrs gwag yn ei bocedi.

Roedd William Joseph yn ddigon hen i drin gwn. Ai hwn oedd y gwn a gafodd James yn ôl gan John Thomas Maesygolau? Efallai nad oedd James wedi bwriadu lladd ei fam a'i frawd o gwbwl, a bod angen y gwn arno i ddiben arall. Felly, ai William Joseph oedd y llofrudd? Gorweddai corff Samuel wrth ddrws y gegin. A oedd wedi rhuthro i'r tŷ ar ôl clywed sŵn gwn yn tanio o'r tu mewn iddo, a chael ei saethu fel yr oedd yn dod i mewn i'r tŷ? A oedd William Joseph yn aros amdano, yn guddiedig wrth ymyl y drws? Roedd lleoliad y ddau gorff yn awgrymu'n gryf mai'r fam a saethwyd gyntaf, a Samuel yn ail.

Amheuid James a William Joseph o gyflawni'r llofruddiaeth ar y cyd, ond anodd gweld sut y gallai hynny fod yn bosib. Roedd William Joseph yng nghyffiniau Cribyn ar fore'r llofruddiaeth, ond roedd yn yr ysgol yn Aberaeron yn y prynhawn. Ar y llaw arall, roedd James yn Llanbedr Pont Steffan ac yna ar y ffordd yn ôl o Lambed i Gribyn ar yr un pryd. Os oedd Mary Evans a Samuel wedi cael eu saethu ryw chwech neu saith awr cyn i'r meddygon archwilio'r ddau gorff, gan William Joseph yn unig yr oedd y cyfle i wneud hynny.

Ac y mae yna bosibiliad arall yn ogystal. Efallai mai Samuel a saethodd ei fam, am ryw reswm neu'i gilydd, rhyw anghydfod neu ffrwgwd. Ac yntau wedi bod yn ymladd yn Ffrainc, ac wedi treulio dwy flynedd yn garcharor rhyfel yn yr Almaen, byddai'n rhaid gofyn pa mor iach oedd cyflwr meddwl Samuel; ac ar ôl iddo saethu ei fam, ei saethu ei hun mewn edifeirwch ac euogrwydd. Oherwydd nad oedd gwn yn unman yn ymyl y ddau gorff, diystyrwyd y posibiliad mai llofruddiaeth a hunanladdiad a gyflawnwyd yn y ffermdy ar y diwrnod hwnnw o Ebrill gan yr heddlu, ac yn ôl y meddygon, saethwyd y ddau gan rywun a oedd yn sefyll y tu ôl iddyn nhw. Roedd Samuel wedi ei saethu y tu ôl i'r glust dde. Gallai'n rhwydd fod wedi gwneud hynny ei hun. Ond a oedd James wedi sylweddoli yn union beth a oedd wedi digwydd ar ôl iddo ddychwelyd o Lambed, ac wedi cadw'r gwn yn y parlwr rhag gorfod byw gyda'r fath warth teuluol? Mae'r dirgelwch yn aros.

Digwyddodd llofruddiaeth Clawdd-moel union ganrif yn ôl, a bron i chwe mis ar ôl i'r Rhyfel Mawr ddirwyn i ben. Bu Samuel Evans yn ymladd yn Ffrainc. Llwyddodd i osgoi bwledi a bomiau'r gelyn, hyd nes iddo gael ei gymryd yn garcharor. Dioddefodd ddwy flynedd o garchar a goddefodd fwyd gwael ac annigonol y cyfnod hwnnw o garchariad, a daeth drwyddi'n weddol groeniach. Ni wyddai, wedi iddo gael ei ryddhau o'r gwersyll carcharorion ar ôl i'r rhyfel ddod i ben, fod gelyn peryclach o lawer na'r un Almaenwr yn aros amdano gartref, y gelyn cudd oddi mewn i'w deulu ei hun.